"出版资源评估与研究"丛书

出版人力资源评估与研究

CHUBAN RENLI ZIYUAN
PINGGU YU YANJIU

主编◎张 炜 王勇安

陕西师范大学出版总社

图书代号：ZZ22N1904

图书在版编目（CIP）数据

出版人力资源评估与研究/张炜,王勇安主编.—西安：陕西师范大学出版总社有限公司,2022.12
（出版资源评估与研究）
ISBN 978-7-5695-3251-7

Ⅰ.①出… Ⅱ.①张… ②王… Ⅲ.①出版工作—人力资源管理—研究—中国 Ⅳ.①G239.2

中国版本图书馆CIP数据核字（2022）第201948号

出版人力资源评估与研究

CHUBAN RENLI ZIYUAN PINGGU YU YANJIU

张　炜　王勇安　主编

出 版 人	刘东风
出版统筹	周　耘
责任编辑	李　岩
责任校对	韩娅洁
装帧设计	朵云文化
出版发行	陕西师范大学出版总社
	（西安市长安南路199号　邮编：710062）
网　　址	http://www.snupg.com
印　　刷	西安曲江朵云文化传媒有限公司
开　　本	720 mm×1020 mm　1/16
印　　张	19.5
字　　数	220千
版　　次	2022年12月第1版
印　　次	2022年12月第1次印刷
书　　号	ISBN 978-7-5695-3251-7
定　　价	96.00元

中宣部文化名家暨"四个一批"人才自主选题项目组

项目负责人　张　炜
项目组成员　王勇安　关　宁　和　勇　王　剑
　　　　　　张启阳　慕鹏帅　李　洋　叶　峰
　　　　　　肖　星

《出版人力资源评估与研究》

主　　编　张　炜　王勇安
编委会成员　王　剑　李　洋　叶　峰　肖　星
审　　订　阎晓宏　刘东风

序 一

出版的历史，源远流长。

在关于出版史的论著中，追溯到结绳记事，甲骨文、石刻，还有的把在绢上、帛上书写等纳入出版，但这并不是真正意义上的出版，雕版的出现，才脱离手工抄写的樊篱，实现了把一份内容复制为多份的功能。活字印刷、现代印刷，只是印刷史上的技术革命，其本质仍然是把一份内容复制为多份，不同的是提高了效率。

什么是出版？这是一个看似清楚，实则存有争议的问题。在互联网出现之前，如果给出版下定义，其最本质的特征，是其复制功能，能把一份有文字或图画的内容，复制为多份，而出版的编辑校对、设计排版等，都是基于复制而存在的。

物理环境下的出版，是把一份经过编辑加工、校对、排版设计的内容，通过印刷复制为多份。互联网出现后，网络环境下，怎样定义出版呢？曾经有过困惑。美国人提出了"临时复制"的概念，就是将网络中的内容存储在计算机的存储器之中。这一概念还没有被社会接受，情况又发生了变化，移动互联网出现了，在第十七届国际数字出版论坛上，澳大利亚学者提出了一个观点，其核心概念是一份内容在网络中能够被"重复使用"。应该说这是一个比较科学的概念，"重复使用"这个概念和传统出版的一份内容变成多份，本质上是一致的。

我国的著作权法第三次修订稿，在面向社会征求意见时，对作品的定义提出了三个要点：①具有独创性；②属于智力成果；③能以某种有形形式复制。

第三个要点"能以某种有形形式复制"，无法将网络中的作品形态纳入，也必将出现矛盾和混乱。最后修订的定稿，将其确定为"能以一定形式表现"。

无论是关于出版的界定，还是关于作品的界定，这看来是一个概念的变化，却极大地延伸了出版的边界，也包含着人们对数字技术与网络发展带来的新变化的认知调整与认同。

张炜先生领衔的"出版资源评估与研究"科研项目，将出版研究置于数字技术、人工智能等新技术条件下，并且包含了物理环境与互联网环境。在我看来，这不仅体现了与时俱进、实事求是的科学态度，也体现了张炜先生和他的团队在这个出版科研项目中的宽阔视野和包容精神。

如何认识出版，现在仍存有两种倾向：一种似乎是来自多年传统出版形成的惯性，由出版谈出版，将出版理解得很窄，在出版实践中并没有将出版延伸到新的领域；一种来自出版的外部，将出版排斥在网络以及新兴媒介之外。

这两种倾向的背后，既是观念与认识的问题，也是实践落后于客观形势的问题。

需要指出的是，虽然新技术特别是数字技术的发展，大大拓展了出版的边界，但是在"出版资源评估与研究"丛书中，仍然能够看到张炜先生对于传统出版的深厚情怀。无论是出版的内容资源，还是出版的人力资源与出版物衍生资源，其研究的重点、研究的基础以及方向，都是基于传统出版并且面向未来的，其出发点与落脚点是推动出版的融合发展。

关于出版研究的专著和论文有许多，但是专门把出版资源作为研究的主题和对象，还比较少。但是细想一下，出版资源问题的研究与评估，不仅是出版发展的基础性、战略性、资源性问题，更直接关系到出版的高质量发展。

我一直有一个观点，出版不能凌驾在作品之上。没有作品，何谈出版？作品就是出版的资源，巧妇难为无米之炊。因此，关于出版的研究，抓住了出版的资源问题，我认为就是抓住了出版的根本。

丛书由出版资源引申到出版资源的评价与选择，这是一个逻辑上内在的递进关系，更是一个出版数量与出版质量的相互关系问题。进入新时代，创作早已不是少数专业人士专有的领域，在互联网、数字技术和人工智能的背景下，移动终端的广泛使用，公众表达愿望的涌动，大大催生了作品的创作，现在任何一个门类的作品，其数量都是以几何级数迭代增长。在这种背景下，怎样选择作品，怎样挖掘优质的出版资源，是更为关键的问题。因此，关于出版资源的评估，关系到出版的选择问题，关系到对出版物的价值判断以及优质出版内容的全部价值挖掘问题。在根本上，它关系到出版为社会公众提供什么精神产品的问题。

丛书抓住了上述问题中最根本之处，通过大量的研究，首先阐述了出版内容资源的评估与研究。内容资源在本项目中具有核心地位，它既是衡量出版人力资源的客观标准，也是出版物衍生资源的源头。《出版内容资源评估与研究》分八章阐述了内容资源的概念、开发、整合、评价、重构、策略以及品牌形成与维护，是一部在出版实践的基础上，由出版领军人才和学者共同组成的团队，经过深入的调查研究与思考写就的出版专著，分析和阐述了在新技术条件下出版资源的获得与维护，阐述了有思想、有价值的观点。该书所表达的思想与理念，必将在实践中表现出其独特的价值。

《出版人力资源评估与研究》阐述了出版人才建构的主要任务和理论模型，特别是胜任素质模型建构的路径与方法。以此为基础，甄选细化了出版编辑岗位胜任素质的四大类57项，甄选细化了出版发行岗位胜任素质的四大类49项，为出版编辑和出版发行岗位素质和能力的判断提供了可以量化的指标评价体系。在此基础上，该书以上述出版岗位的胜任素质为指标，深入分析出版人才队伍建设中存在的问题，并提炼出集团所属出版机构和发行机构所需各类人才应具备的能力。建立出版人才评价标准的指标体系，对于挖掘出版人才、培养出版人才、合理使用出版人才，发挥不同类型出版人才的作用，具有重要的参考价值与现实意义。

出版的融合发展对传统出版业既是一个挑战，也是走出困境、实现新发展的重要机遇。在出版的融合发展进程中，优质出版资源的一次开发、多次使用，最大限度地实现出版内容资源的社会价值和经济价值，这是一个颇具理论性与实践性的现实问题。《出版物衍生资源评估与研究》基于陕西新华出版传媒集团的探索与实践，并总结梳理了国内外著名出版传媒机构的典型案例，在出版业融合发展的基础上，深入思考并比较系统地阐述了出版物衍生资源评估与研究的界定、价值与路径，对出版物衍生资源的开发、管理与维护提出了具有创新意义的独到见解。

通览全书，不乏思想、理论与实践的闪光点，诸多阐述是深刻而又有独特价值的，凝结着作者团队的智慧与心血。尤其是不在已知中重复，这已然是出版理论研究的意义所在。

阎晓宏

2022 年 5 月

序 二

2018年9月，我被中宣部授予"文化名家暨'四个一批'人才"荣誉称号，按照有关规定和要求，向国家申报了"出版资源评估与研究"项目，包括"出版人力资源评估与研究""出版内容资源评估与研究""出版物衍生资源评估与研究"三个子项目，2019年3月获得批准立项。

这是一个涉猎范围很广、要求很高、难度很大的项目，自己何以有勇气挑战这一项目呢？考量起来，或许，热爱出版，对这个行业有长期的实践与思考，当前行业的发展遇到许多新的问题，等等原因，才促使自己下定了决心。

我于1986年大学毕业后便进入出版行业，先在陕西师范大学出版社做了6年编辑，1991年底调入陕西省新闻出版局出版处，做了近10年的出版管理工作，2001年从处长任上下到陕西人民教育出版社做总编辑，2006年再次调任陕西科技出版社社长，2007年底任陕西出版集团总编辑，2020年任陕西新华出版传媒集团董事长、党委书记至今。入行36年来，关于出版方方面面的工作都有所涉足，每当一部书稿经过选题策划、组稿、编辑加工、印制、销售，成为读者喜欢的作品，或者荣获重大奖项，我都会感到无比的欣慰。而在这一过程中，还能结识一大批作者、读者和销售方面的朋友，能够对全新的知识先行了解，优秀的作品先睹为快，所以我对自己能从事出版工作非常高兴，从中感受到很多乐趣，也常常对工作和行业中存在的问题进行苦苦的思考与探索。

在传统出版方面，这些年主要从选题管理与策划、出版定位与产品结构、质量管理、精品出版等方面进行持续的思考与实践，先后撰写并公开发表了《陕西人民教育出版社中小学文教读物定位研究》（荣获中华优秀出版物出版科研论文奖）、《图书选题全程策划五步法》、《论地方出版集团的产品结构优化——以陕西出版集团为例》等研究文章。实践层面，主要组织策划了"举一反三"系列教辅用书，行销20余年，年均销售超过20万套；依托陕西人文地理、红色文化、历史文化资源优势，策划了近10种荣获国家出版基金支持的重大选题，其中"中国蜀道"丛书荣获中国出版政府奖。

在数字出版方面，也进行了初步的思考与探索。撰写了《陕西数字出版产业发展的初步设想》等文章；组织起草了《陕西国家级数字出版基地方案》《丝路文化资源深度开发方案》《蜀道文化资源深度开发方案》等。实际工作中，提出出版企业必须以数字阅读为重点，以教育读物、畅销书、重大出版项目为基础，实施深度和衍生开发。并对"举一反三"系列、"延安红色文化"系列、"中国蜀道"丛书等产品进行初步开发，取得了良好的效果。另外，即将组建的陕西出版集团数字出版公司，将以数字教育出版、数字阅读公共服务平台、中国西部重大 IP 运营为主要发展方向，努力闯出一条数字出版的新路子。

由于工作变动的原因，近年来我又对人力资源管理进行了一定的研究。深入出版发行企业做了大量调研和采访，在提取众多数据的基础上，初步建构了出版发行企业岗位素质模型；提出了按照出版发行岗位素质要求，建立与薪酬和任用挂钩的员工职业技能培训体系；先后两次参加韬奋杯人力资源高峰论坛，作为主讲嘉宾，分别以"员工素质模型""职业技能培训体系"为题，发表主旨演讲，反响热烈；结合发展实际，逐步确立了集团当前以干部管理、绩效管理、培训管理、社保管理为重点的人力资源管理思路，进行了初步实践，取得了良好的效果。

凭着自己浓郁的出版情怀和长期的工作积淀，2019年6月，我联手陕西师范大学新闻与传播学院博士生导师王勇安教授，率领集团一批中青年同志，正式开始了项目的研发工作。

首先是收集资料，深入调研。在这期间，研发团队成员根据各自的分工，以各种方式获取大量资料阅读分析，熟悉相关理论，把握研究动态，了解时新观点，以结合所研究的问题，达到"他山之石，可以攻玉"的目的。除此之外，大家还通过网上查阅和实地访谈等多种途径，进行问卷调研、实地和电话访谈，提取研究数据，收集经典案例，为下一步研发创作准备充足的资料。

其次是反复研讨。项目分工落实后，前期主要是研讨写作框架，大概经过五六次深入讨论，初步确定，《出版人力资源评估与研究》分为八章，主要涉及出版人才素质模型、能力模型，人力资源发展战略、评价体系、管理体系，员工招聘、员工培训，人才培养、人才激励等内容。《出版内容资源评估与研究》分为八章，主要涵盖内容资源需求分析、整合能力评估、管理体系构建、内容资源的重构与开发、策略与途径，基于内容资源的精品出版，内容资源的品牌创新与维护等内容。《出版物衍生资源评估与研究》分为八章，主要包括衍生资源的概念、价值界定，衍生资源开发体系建设与能力评估，衍生资源的市场开发与价值实现，衍生资源的开发策略、过程管理及经典案例等内容。写作框架确定后，还要进行多次讨论，对相关内容进行取舍、修改、补充，以保证整个项目的统一与协调。

第三是项目的审定。项目初稿完成后，先送业内有关专家审核，指出不足与缺陷，提出补充和修改意见。再召开专门的会议，听取出版管理、编辑、校对、发行等方面的意见，对项目初稿进一步完善。最后，经过多次征求专家及方方面面的意见，反反复复修改后形成定稿，再由项目负责人审核统稿，以确保项目结构合理、内容协调、体例统一、质量达标。

经过两年多的艰苦努力，终于要完成项目结项了，从事了一辈子出版工作，能和大家一起做一件对行业有意义的事，我感到无比的欣慰。然而，由于诸多因素，项目还存在许多不足，也让我深感遗憾与不安。从理论基础反思，尽管王勇安教授做了很大努力，项目也具备一定的理论支撑，但还是略显不足。这一方面是因为出版传媒产业的个体特色和实践属性比较强，居多经验引领实践，相关的理论体系远未形成；另一方面，项目团队的大多数同志都是利用业余时间开展研发创作，虽有一定的实践经验，但理论功底和研发时间都难以保证。从认知角度观察，虽然许多同志进行了长期的思考，有不少研究成果，项目研发过程中也有许多新的探索，但是基于出版传媒产业的特殊性，基于改革和新媒体对传统出版业的冲击所带来的新问题，项目研发成果对出版传媒产业的认知还不到位，对如何把握行业的特殊性，如何引入现代科技和产业规律指导出版传媒产业的发展，还有一定的欠缺。从实践层面考量，囿于资料和数据采集的艰难，项目主要是以陕西的实践开展研发的，国内外一些先进经验和经典案例难以收揽进来，研发成果尚有一定的局限性。

然而，聊胜于无，这终归是一件值得庆贺的事，对于我而言，这是一生从事出版工作的交代，也是自己长期出版实践和思考的总结。对于王勇安教授而言，是一次产学研结合的有益探索。对研发团队其他成员而言，是大家共同努力的成果，更是一次熟悉行业、提升认知的历练。借此机会，我对大家两年来的不懈努力和所付出的艰辛劳动，表示最真诚的感谢！我坚信，虽然这一项目还存在这样那样的不足，但它毕竟是来自实践又高于实践的产物，毕竟是对出版传媒产业发展规律的一次有益探索，它定会对后续行业规律的探索研究起到一定的借鉴作用，也会对当前出版传媒产业的实践具有一定的指导意义。

张　炜

2022 年 2 月

目 录
CONTENTS

第一章　出版人才的胜任素质模型　/ 001

第一节　模型建构的主要任务和理论基础　/ 001

一、模型建构的主要任务　/ 002

二、模型建构的理论基础　/ 004

三、胜任素质模型建构的路径与方法　/ 007

第二节　编辑岗位胜任素质模型的建构　/ 009

一、制定胜任素质词典与整理甄选过渡模型　/ 009

二、过渡模型岗位胜任素质共识度调查分析　/ 017

三、编辑岗位胜任素质模型的确立　/ 037

第三节　发行岗位胜任素质模型初步建构　/ 039

一、制定胜任素质词典与整理甄选过渡模型　/ 039

二、过渡模型岗位胜任素质共识度调查分析　/ 045

三、发行岗位胜任素质模型的确立　/ 065

第二章　出版人才基本业务能力模型　/ 067

第一节　编校人才基本业务能力模型建构　/ 067

一、集团出版社岗位体系规划　／068

二、出版社编辑序列岗位职责与能力要素　／071

三、策划编辑基本业务能力模型设计　／075

四、文案编辑基本业务能力模型设计　／079

五、校对编辑基本业务能力模型设计　／083

第二节　发行人才基本业务能力模型建构　／087

一、集团发行企业岗位体系规划　／087

二、集团发行企业岗位职责与能力要素　／089

三、采购序列基本业务能力模型设计　／092

四、营销序列基本业务能力模型设计　／096

第三章　出版人才评价体系建设　／101

第一节　出版人才岗位能力评价体系设计与试题库建设　／102

一、出版岗位胜任能力评价系统性特征　／102

二、出版人才评价体系框架设计　／106

三、出版人才评价试题库建设　／109

第二节　出版人才评价制度与评价组织系统建设　／112

一、出版人才评价制度建设　／112

二、岗位胜任能力评价组织系统建设　／113

第四章　出版企业人力资源管理体系建设　/ 118

第一节　出版人力资源管理面临的问题和解决思路　/ 119

一、出版人力资源管理面临的新问题　/ 119

二、解决出版人力资源管理问题的思路　/ 125

第二节　出版人力资源管理体系的设计建构　/ 130

一、出版企业人力资源管理体系建构的基本思路　/ 130

二、出版企业人力资源管理体系的设计建构　/ 132

三、出版企业人力资源管理体系的应用　/ 134

第五章　出版人才战略实施与调整　/ 138

第一节　我国出版人才队伍现状分析　/ 139

一、我国出版人才队伍的基本特点　/ 139

二、出版业人才队伍建设中存在的问题　/ 141

第二节　出版人才SWOT分析——以出版企业为例　/ 143

一、"S"——出版人才队伍的优势分析　/ 143

二、"W"——出版人才队伍的劣势分析　/ 144

三、"O"——出版人才队伍的机遇分析　/ 149

四、"T"——出版人才队伍的威胁分析　/ 153

第三节　出版人才战略的设计与实施路径　/ 156

一、建立出版人才"SWOT"战略矩阵　/ 156

二、国家（行业）层面战略措施　/ 158

三、出版单位层面战略措施　/ 161

四、教育机构层面人才战略措施　/ 169

结语　/ 171

第六章　出版企业员工招聘　/ 172

第一节　员工招聘当前存在的问题与优化理论　/ 172

一、当前行业员工招聘的缺陷与不足　/ 172

二、员工招聘优化的理论基础　/ 175

第二节　出版企业员工招聘的优化　/ 178

一、招聘优化设计原则　/ 178

二、出版企业员工招聘流程优化　/ 183

三、出版企业员工招聘优化的实施要点　/ 185

第七章　出版人才的培养机制与继续教育　/ 188

第一节　出版企业人才培养的基础理论　/ 188

一、认知学徒制理论　/ 188

二、学习型组织理论　/ 194

第二节　出版人才成长环境分析　/ 196

一、集团人才建设的基本情况　/ 196

二、集团人才管控模式与培训工作现状　/ 198

第三节　人才培养机制建设　/ 201

一、培训机构建设　/ 201

二、培训体系建设　/ 203

三、培训结果应用 ／207

四、出版人才培训工作要点 ／207

第四节 加强人才培养保障机制建设 ／208

一、加强规划引导和监督 ／209

二、完善人才培养的配套机制 ／211

第五节 出版人才继续教育课程体系建构 ／214

一、继续教育课程体系教学目标设置 ／214

二、编辑继续教育专业课程方案 ／215

三、继续教育课程体系设计 ／220

四、继续教育课程成果反馈评鉴 ／223

五、继续教育的监督与管理 ／226

第八章 出版人才激励考核任用及退出机制 ／229

第一节 出版人才激励机制 ／229

一、绩效薪酬激励 ／230

二、成长激励 ／232

三、项目激励 ／235

四、精神激励 ／236

五、福利激励 ／239

第二节 出版企业人才任用机制 ／242

一、出版人才管理体系建构 ／242

二、出版人才管理制度与机制建设 ／245

第三节 出版单位人才退出机制 ／247

一、约束性退出机制 /247

二、市场化退出机制 /255

三、改革性退出机制 /258

结语 /265

附录1 编辑岗位胜任素质认知情况调查问卷 /266

附录2 发行岗位胜任素质认知情况调查问卷 /276

后记 /285

第一章
出版人才的胜任素质模型

对企业来说，员工的素质是驱动其产生优秀工作绩效的各种个性特征的集合，它反映的是可以通过不同方式表现出来的员工的知识、技能、个性与驱动力等，因而是判断一个人能否胜任某项工作的起点，是决定并区别绩效差异的个人特征。通过建构岗位胜任素质模型，就胜任出版岗位工作的基本素质在企业和员工之间达成共识，进而制定集团企业人才测评体系、培训体系，努力使出版企业人力资源管理科学化，才能够有的放矢地培养人才，全面提升人才建设水平。

第一节 模型建构的主要任务和理论基础

素质是重要的心理学概念，含义丰富，一般是指个人的才智、能力和内在涵养，即才干和道德力量，是人经过长期锻炼、学习，在政治、思想、作风、道德品质和知识、技能等方面所达到的一定水平。素质是人的一种较为稳定的属性，能对人的各种行为起到长期的、持续的影响甚至决定作用。

一、模型建构的主要任务

20世纪初，管理学大师泰勒开创了科学管理理论，他以观察工人工作行为并分解工人工作步骤来得出提升工作效率的方法，开创了胜任力研究的先河，为后期的研究者提供了借鉴。但遗憾的是，此后几十年里没有学者就此课题继续研究下去。直到1973年，心理学家、哈佛大学戴维·麦克利兰（David C. McClelland）教授综合运用工作分析法和行为事件访谈法，对比分析绩优的联络官和较为一般的联络官的行为特征，提炼出二者行为素质的各项差异，最终得出驻外联络官岗位所具备的能力素质，为美国政府设计出一种能够有效预测驻外联络官绩效的方案。麦克利兰认为，智力测验的结果和工作的成功之间没有必然联系，因而用传统智力测验的方式预测未来工作的成败是不可靠的，倡导用胜任力（competency）评价取代智力测验作为预测未来绩效的方法。[①]

胜任力是指在一个组织中绩效优异的员工所具备的能够胜任工作岗位要求的知识、能力、动机、品质与个性、社会角色特征，是判断一个人能否胜任某项工作的起点，是决定并区别绩效差异的个人特质因素。如麦克利兰所言，"从第一手材料直接发掘的、真正影响

---

① David C. McClelland. Testing for Competence Rather Than for Intelligence [J]. American Psychologist, 1973(1): 1-14.

工作业绩的个人条件和行为特征就是素质"[①]，员工通过不同方式表现出来的知识、技能、职业素养、自我认知、特质和动机等的素质集合，即驱动员工做出卓越绩效的一系列综合素质，就成为岗位的胜任素质，[②]直接决定了员工的岗位胜任力。

此后，人力资源管理领域，学界和业界就工作岗位的胜任素质进行了系统深入的研究，为知识经济时代企业如何更好地管理人力资源提供了全新依据。人们发现，员工胜任素质是工作岗位特征的函数，与工作岗位密切相关，在某一工作岗位上非常重要的胜任力，在另外一个工作岗位上可能会成为制约其发展的阻碍因素。胜任素质与工作绩效密切相关，能够预测员工未来的工作绩效，因而通过胜任素质的评价能够将企业中的绩效优秀者与一般者加以区分，成为员工招聘、考评、激励以及晋升的主要依据之一。[③]基于此，针对某一特定工作岗位，统计分析胜任该岗位工作的各项胜任素质，并按照最优化结构将其组合设计胜任素质模型，此模型就可以作为人力资源的重要管理工具，应用于各类人才招募、绩效考核、干部选拔、岗位培训，在现代企业人力资源体系中得到广泛使用。

本课题研究以陕西新华出版传媒集团发展战略为导向，根据集团出版工作需求，以全面提升人才队伍核心竞争力为目的，找出集

[①] 严正，卜安康. 胜任素质模型构建与应用 [M]. 北京：机械工业出版社，2011：172-174.

[②] 杨雪. 员工胜任素质模型与任职资格全案 [M]. 北京：人民邮电出版社，2014：143.

[③] 叶龙，张文杰，姜文生. 管理人员胜任力研究 [J]. 中国软科学，2003(11)：96-99.

团岗位工作所需要的知识、技能和特征的特定组合，探索员工胜任素质的构成维度，建构集团编辑、发行业务岗位胜任素质模型，为集团员工的职业发展提供科学的分析依据和评价工具。

研究以编辑和发行两个岗位胜任素质模型为基础，就胜任编辑、发行岗位工作的基本素质，在集团、子公司和岗位员工之间达成共识，进而建立集团编辑、发行岗位人才测评体系，建立测评题库，确立测评方法。最后，在广泛听取集团及子公司主要行政及业务领导、各子公司中层领导和人力资源管理机构的意见的基础上，根据集团人力资源现状，以胜任素质模型为基础，建立集团全员培训体系，制订骨干人才培养计划。

二、模型建构的理论基础

麦克利兰提出了一个著名的胜任素质冰山模型，把人的素质模型形象地描绘成一座冰山。后来美国学者莱尔·M. 斯潘塞和塞尼·M. 斯潘塞（Lyle M. Spencer & Signe M. Spencer）又从特征角度提出了"素质冰山模型"，冰山模型将胜任素质构成要素描述为一座浮在水上的冰山，该模型认为，胜任素质的构成要素，如冰山一样，包括表象和潜在两大部分（见图1-1）。

由此可看出，胜任特征的构成是有层次的。水面以上的冰山部分——知识与技能，是显性能力，容易被评价，是胜任工作和形成工作绩效的基本保证，这些很容易通过培训来培养。水面以下的冰山部分——潜在能力，是社会角色、自我形象、个性特点、内在驱动力。冰山从上到下深度不同，被挖掘与评价的难易程度就不同。

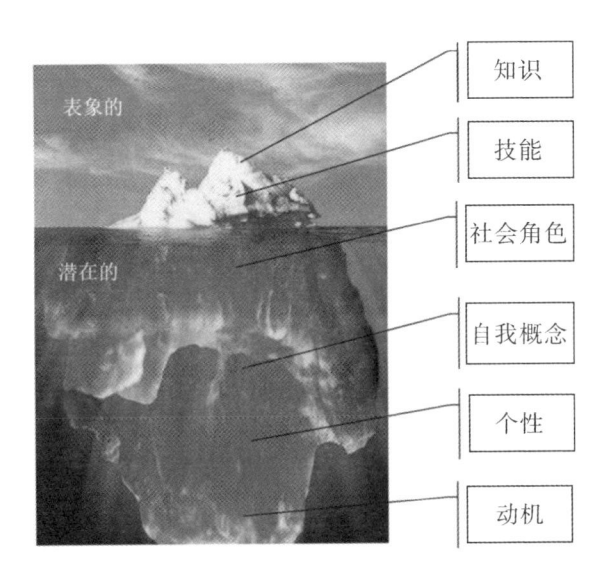

图 1-1　素质冰山模型

美国学者理查德·博亚特兹（Richard Boyatzis）对麦克利兰的素质理论进行了深入和广泛的研究，提出了"素质洋葱模型"，展示了素质构成的核心要素，并说明了各构成要素可被观察和衡量的特点。洋葱模型把胜任素质由内到外概括为层层包裹的结构，最核心的是动机，然后向外依次展开为个性、自我形象与价值观、社会角色、态度、知识、技能。越向外层，越易于培养和评价；越向内层，越难以评价和习得（见图1-2）。[1]

由此可见，只有发掘并客观评价深层的岗位胜任特征，才能明确员工岗位胜任素质，进而有的放矢地选拔人才，培养员工。本研究的目标正是通过挖掘培养员工个人深层特征，以提高员工综合素

---

[1] 彭剑锋，荆小娟.员工素质模型设计[M].北京：中国人民大学出版社，2003:25.

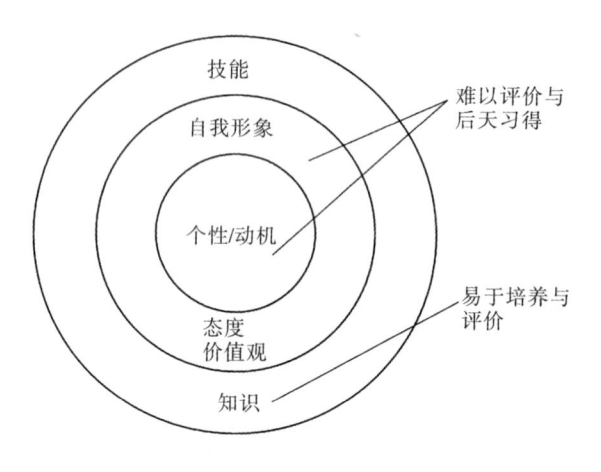

图 1-2　素质洋葱模型

质，实现员工与企业的双赢。

1981年，理查德·博亚特兹对一些关于经理人胜任素质的原始资料重新进行分析，钻研并归纳出一组用来辨别优秀经理人才的胜任素质因素，这些因素能够同时适用于不同的公司及功能。

1993年，莱尔·M. 斯潘塞和塞尼·M. 斯潘塞在总结之前研究成果的基础上提出了包含21项胜任素质6大族群在内的胜任素质词典，具体指标在《工作素质：高绩效模型》一书中有详细的说明，大概框架如表1-1所示。[1]

---

[1] Spencer L. M., Spencer S. M. Competence at Work: Models for Superior Performance [M]. New York: John Wiley & Sons, 1993.

表 1-1 斯潘塞胜任素质词典

族　群	胜任素质
成就与行动	成就导向，重视秩序，品质与精确，主动性，信息收集
协助与服务	人际理解，顾客服务导向
冲击与影响	冲击与影响，组织知觉力，关系建立
管理	培养他人，命令，团队合作，团队领导
认知	认知分析式思考，概念式思考，技术/专业/管理的专业知识
个人效能	自我控制，自信心，灵活性，组织承诺
其他个人特色与能力	职业偏好，准确的自我评估，喜欢与人相处，写作技巧，远见，与上级沟通的能力，扎实的学习与沟通方式，恐惧被拒绝的程度较低，工作上的完整性，法律意识，安全意识，与独立伙伴/配偶/朋友保持稳定关系，幽默感，尊重个人资料的机密性等

21 项通用胜任素质要素，构成了胜任素质词典的基本内容。这 21 项素质要素主要概括了任职者在日常工作与行为中，特别是从事某些关键事件时所表现出来的动机、个性特征、自我形象、社会角色、知识与技能等特点。[①]

三、胜任素质模型建构的路径与方法

本研究即以上述 21 项通用胜任素质为基础，以胜任素质理论为

[①] 彭剑锋，荆小娟. 员工素质模型设计［M］. 北京：中国人民大学出版社，2003：46.

依据，通过以下路径建构集团编辑和发行两个岗位的胜任素质模型（见图1-3）。

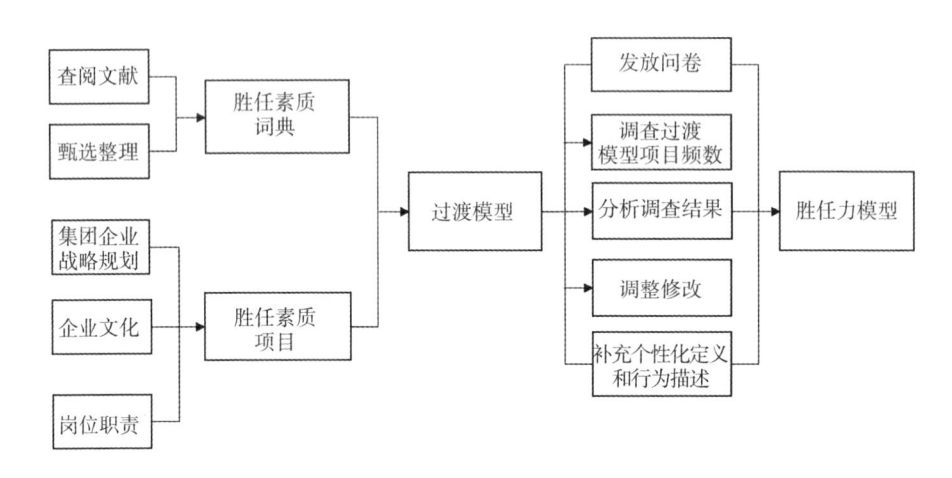

图1-3　编辑和发行岗位胜任素质模型的建构路径

建立两个关键岗位胜任素质模型的第一步，是以21项通用素质要素为基础，根据传统出版与新兴出版融合发展背景下编辑和发行岗位的基本素质要求，通过行为事件访谈，甄选整理出两个关键岗位的胜任素质词典，作为素质项目提炼时的理论参考。

第二步，根据集团和各子公司的战略规划、企业文化和两个关键岗位的岗位职责，运用战略核心能力推导、分析战略核心能力实现所需要的能力；运用企业文化元素提炼等方法，从企业文化（尤其是核心文化）中提炼核心元素，转化为员工所需能力素质；根据岗位职责和绩效标准，明确具体素质要求。完成以上三项工作后，整理本集团两个关键岗位的胜任素质项目。

第三步，根据胜任素质项目，采用行为事件访谈法，筛选两个关键岗位的胜任素质项目，并初步确定本集团各胜任素质项目的合理结构，整理出两个关键岗位的胜任素质过渡模型。

第四步，通过问卷调查和行为事件访谈，论证过渡模型，调查过渡模型的素质项目的频数，判断过渡模型胜任素质是否与任职者和大多知情观察者了解的一致。分析调查结果，对过渡模型进行调整修改，剔除不必要的素质或增加一些更相关的素质，补充个性化定义和行为描述，使素质模型更清晰、准确，最终确立并完成两个岗位的胜任素质模型。

第五步，确立人才测评的主体。宏观层面为企业高层即领导层。企业领导层掌握着企业全局，能够以最广阔的视野与格局看待企业中现存的问题。中观层面为企业中层即管理层。企业管理层承上启下，担负着重要的使命，是各项事务的直接管理者，参与企业人力资源管理工作的方方面面，对于测评问题能够给出不同的建议与意见。微观层面为企业基层即普通员工。企业的基层员工也是此次调研报告的主体，该层面人群对测评的反馈是最基础的，所提问题值得引起高层、中层关注。

第二节 编辑岗位胜任素质模型的建构

一、制定胜任素质词典与整理甄选过渡模型

课题组以莱尔·M. 斯潘塞和塞尼·M. 斯潘塞（1993）21 项通用胜任素质为基础，从工作取向、自我取向、人际取向、价值取向四大族群，查阅相关文献，学习兄弟集团相关经验，制定出编辑岗位胜任

素质词典。与此同时，成立由集团人力资源管理部门领导和管理人员、资深编辑人员和出版专家组成的专家组，通过讨论分析，确定胜任素质模型指标依据为集团未来的战略目标、编辑岗位的主要职责、岗位对任职者任职资格的基本要求、岗位的高绩效标准和未来岗位面临的新要求与挑战。在此基础上，以胜任素质词典为基础，专家组甄选整理出编辑岗位胜任素质的过渡模型（见表1-2、表1-3、表1-4、表1-5）。

表1-2　编辑岗位胜任素质词典（一）——工作取向素质族群

序号	胜任素质	相关胜任能力
1.01	语言驾驭能力	一定的社会情境的辨析能力； 对他人心理状态的洞察力； 调整自身说话的分寸、语气、尺度、用词
1.02	语言表达能力	口头语言表达能力； 书面语言表达能力
1.03	分析判断能力	对事物进行剖析、分辨，单独进行观察和研究
1.04	适应性和弹性	面对自己不熟悉或者不喜欢的环境，能够很快进入状态
1.05	承压力	承受工作、学习和生活中的各种压力

续表

序 号	胜任素质	相关胜任能力
1.06	审美能力	选题策划：从宏观上把握选题的正确方向和科学性，主动开发适合社会和读者需要，能弘扬时代主旋律，给人以鼓舞和鞭策的优秀选题。 审稿：能不失时机地发现、判断、把握和接纳优秀的选题和书稿，使内容具有人文关怀，不仅有逻辑深度，还有情感深度。 编辑加工：使书稿从篇章结构、政治倾向、语词运用、版面编排乃至标点符号等各方面达到真善美的要求，有较强的语言驾驭能力。 版面设计：适应读者的需要，使栏目的设计有美感，文章的字体字号协调，文章有韵律和冲击力，版式大气和充满艺术感
1.07	创新精神	不断改进工作方法，以适应新的观念、形势发展； 密切关注行业内外的新动态和发展趋势，敢于质疑传统，敢于进行新的尝试； 综合运用已有的知识、信息、技能和方法提出与众不同的观点和见解
1.08	细心严谨	工作过程中心思缜密，仔细，认真，注意小细节； 能够集中注意力，全神贯注
1.09	经验积累	经过摸索、归纳、判断和总结获得心得并应用于后续工作； 处理日常任务的熟练性提高，效率提高
1.10	初步业务了解	知道岗位所需要的能力、技术和对从业人员的基本要求
1.11	出版敏感度	对社会现象、读者需求和学术发展需求细致观察，敏锐地发现机会与选题； 对作者所具有的价值进行迅速判断； 善于观察，不仅观察表面的现象，还能观察到事实背后深层次的问题

续表

序 号	胜任素质	相关胜任能力
1.12	冷静	在复杂棘手的问题出现时，或者当突发性事件出现时，能够处变不惊
1.13	专业知识和技能	具备从事编辑工作所需要的专业知识和技能，以及在出版实践中对文稿的加工处理技巧
1.14	知识面	了解与出版领域有关的政治学、法学、经济学、社会学、生物学、体育、音乐、美术、文学等方面知识；除了出版学的知识外，对某一其他领域的知识有较深程度的掌握和研究，曾经从课堂、书籍、媒体或者其他渠道学习过相关知识，或者学习过相关专业
1.15	前沿追踪	关心政策和时政，对出版领域的新问题有充分的了解和理解能力 对社会变化和发展有敏感性，能够与时俱进
1.16	客户导向	尊重客户，设身处地为客户着想； 积极承担责任，努力为客户提供附加价值； 尽自己的一切能力满足客户需求
1.17	踏实认真	处理工作稳妥积极，一丝不苟
1.18	策划和组织能力	迅速收集处理信息，做出准确判断，形成决策； 善于沟通，协调各种资源为工作服务
1.19	掌握市场导向	以市场的发展变化作为自己工作的行动指南； 有明确的市场意识，密切关注市场经济环境和客户需求的变化，渴望对市场信息有充分的掌握； 以技术发展、客户需求等市场因素作为自己工作的方向标，具备高度的市场洞察力

表 1-3　编辑岗位胜任素质词典（二）——自我取向素质族群

序号	胜任素质	相关胜任能力
2.01	应变能力	具有一定的环境辨析能力； 能够整合以往的信息，根据周围出现的暗示性线索，判断不同性质的场合、气氛或者临时突发状况； 在短时间内应情势而做出相应的行为，灵活而不死板
2.02	反应能力	能够迅速地接受刺激并且快速反应。在处理应激或者突发事件的时候能够快速地进行清晰的思考和判断
2.03	成就导向	拥有进取心，不甘人后，渴望更好地发展，为自己设定较高的工作目标； 要求自己工作出色，能主动学习提高自己
2.04	学习能力	面对不熟悉的新事物，能够通过搜集和阅读文献，熟练使用学习工具，运用科学的学习方法去独立地获取信息； 加工和利用信息，将其转化成自己的知识储备，分析和解决实际问题
2.05	对工作的热情和兴趣	情感、态度和行动上都热烈、积极、主动，友好地参与活动或对待他人； 专注于工作对象，协调、同化新旧观念
2.06	职业主动性	在不经过他人的催促和要求的情况下，能够自发、自觉地为完成好任务和工作而做出一系列努力
2.07	逻辑思维能力	编辑必须具备的语言文字逻辑能力，思想的深刻性和透彻性，视野的开阔性和广度，思维的活跃度和跳跃性，对于概念和事物进行有意识的分析、联想、整合、概括、抽象、比较、类比、具体化和系统化的能力。具有一定的领悟力，能够理解表面线索下面的信息内涵。能从不同的视角认识事物，用与众不同的观点看待问题

续表

序号	胜任素质	相关胜任能力
2.08	政治认知力	具有较高的政治素养,能够熟悉并透彻地体会党的路线、方针、政策
2.09	人文素养	具备丰富的人文、社科知识,具备为人处世的技巧; 具有批判思考精神、文化比较能力、适应变迁的能力; 看待事物的视角充满人文关怀; 对艺术作品有一定的创作和欣赏能力,热爱读书和写作
2.10	时间管理能力	具有时间意识,能有效地运用时间,降低变动性
2.11	身体素质	能够在快节奏的工作中保持身体健康,承担较大的劳动量; 可以有精力和体力应对沉重的工作负担,对于持续的加班、熬夜等能够支持下来而不至于生病
2.12	正直诚实	不畏强势,不欺弱势,敢作敢为,坚持正道,坚守信念; 勇于承认错误,内心与言行一致,不虚假
2.13	耐心	对于认定的理想和目标要用全部的精力,全情地投入; 不屈不挠,坚持到底,不急躁,不厌烦
2.14	虚心	谦虚;不自满、不自大;不自以为是,能够接受别人意见
2.15	文学素养与文字功底	具备扎实的写作能力,擅长语言表达,能熟练地改正错别字,进行繁体字和简体字的转换,了解成语、谚语、俗语的基本用法,具备文学常识,具备现代文理解和古文翻译能力,等等
2.16	公关能力	能与上级、同事和其他行业领域的人建立良性的关系,为业务开展赢得更大的空间和机会,能屈能伸,面对压力能够泰然处之,具备较强的社交能力,能应对各种复杂的人际交往情境

续表

序号	胜任素质	相关胜任能力
2.17	审美能力	感受、鉴赏、评价和创造美的能力
2.18	敬业精神	热爱从事的职业，具有全身心投入工作、无私奉献的意识； 发自内心地敬业，把职业当作事业来对待
2.19	使命感	对职业赋予的使命有一种感知和认同； 积极主动地寻找目标，积极主动地去研究、变革所处的环境，并且尽力做出有益的贡献，积累成功的力量
2.20	职业责任心	对自己的职业责任有正确的认识，有丰富的情感和坚定的信念； 自觉遵守规范、承担责任和履行义务
2.21	良好的心理素质	面对重要场合和关键人物能够收放自如，泰然自若，不卑不亢，不怯场，不紧张，不退缩； 敢于表达自己，推荐自己，发表自己的观点； 不过分注重自己的面子和他人对自己的评价，具有良好的心理防卫机制和调节能力，心理承受能力强，情绪稳定
2.22	内省精神	在精神层面省察自己的思想、言行有无过失
2.23	职业效率	工作过程有高的产出与投入比
2.24	问题解决能力	能够按照一定的目标，应用各种认知活动、技能等，经过一系列的思维操作，使工作问题较好地得以解决

表1-4 编辑岗位胜任素质词典（三）——人际取向素质族群

序号	胜任素质	相关胜任能力
3.01	组织文化内化	对自己所在企业的文化理念、工作风格、行为规范有全面深刻的认识； 能够通过自身的工作体现企业的文化； 从内心认识、认知、认同本企业的文化，并使之内化为自己的价值追求和自觉行动
3.02	团队合作	发挥团队精神，互补互助以达到团队最大工作效率； 在不同的位置上各尽所能，与其他成员协调合作
3.03	全局观	决策时能够通盘考虑，以企业发展大局为重； 能顾全大局，乐于奉献，起表率带头作用，具有集体荣誉感和责任心
3.04	积累和利用人脉	重视人际关系，善于利用正常状态下的人力资源的合理互换
3.05	人际交往能力	懂得各种场合的礼仪、礼节，善于待人接物； 善于处理各类复杂的人际关系
3.06	沟通协调能力	语言文字表达条理清晰，用语流畅，重点突出； 尊重他人，善于团结和自己意见不同的人一道工作； 坚持原则性与灵活性相结合，营造宽松、和谐的工作氛围； 能够建立和运用工作联系网络，有效运用各种沟通方式

表 1-5 编辑岗位胜任素质词典（四）——价值取向素质族群

序号	胜任素质	相关胜任能力
4.01	人文情怀	内心深处追求真善美，并以此关注自己、关注他人、关注万物
4.02	职业责任感和使命感	把编好书、印好书、卖好书、爱读书作为自己的本性和天职； 以文化选择和传承为己任的责任感和使命感
4.03	获取稳定较高收入	相信职业具有稳定的较高收入
4.04	实现创新梦想	相信通过创新能够达到自己的物质和精神需求
4.05	职业成就感	愿望与现实达到平衡产生的一种心理感受
4.06	职业安全感与稳定感	在职业中获得信心、安全和自由，特别是满足一个人现在或将来的各种需要
4.07	谋求权力	编辑对作者和处理书稿有一定的话语权
4.08	挑战自我	出版是创意产业，充满了不确定性，编辑需要不断挑战自我

二、过渡模型岗位胜任素质共识度调查分析

课题组通过问卷调查对过渡模型进一步论证，判断过渡模型的胜任素质是否与任职者和大多知情观察者了解的一致，并初步排列各项胜任素质在岗位胜任模型中的重要程度。在此基础上，专家组针对问卷调查结果，并通过行为事件访谈法与集团、子公司业务领

导研讨，分析问卷调查结果，剔除不必要的素质或增加一些更相关的素质，补充个性化定义和行为描述，使模型更清晰、准确。

1. 问卷设计

课题组依据胜任素质过渡模型，对各项胜任素质进行行为描述后编制了调查问卷。问卷采用选择题形式，要求被调查者按照"非常重要""重要""比较重要""不重要"四个等级，判断每一项胜任素质的重要程度（见附录1）。

2. 问卷发放与回收

问卷向集团所属8家出版社子公司发放240份，收回有效问卷219份，各社回收问卷情况见表1-6。

表1-6　编辑岗位胜任素质模型调研问卷回收情况统计表

序号	出版社	人数（人）	占比（%）
1	陕西人民出版社	39	17.81
2	陕西人民教育出版社	14	6.39
3	未来出版社	34	15.53
4	陕西科学技术出版社	29	13.24
5	陕西人民美术出版社	26	11.87
6	三秦出版社	24	10.96
7	太白文艺出版社	20	9.13
8	陕西旅游出版社	33	15.07
9	合计	219	100

219 份有效问卷，40 份为社领导和编辑部主任的问卷，179 份为在岗编辑的问卷。其中在岗编辑中文字编辑与策划编辑占多数，从事数字出版业务的编辑只有 11 人，与各出版社数字出版业务较少的情况相吻合（见表 1-7）。

表 1-7 编辑岗位胜任素质模型调研问卷调研受试者职位构成

序号	职位	人数（人）	占比（%）
1	策划编辑	86	39.27
2	文字编辑	43	19.63
3	校对员	38	17.35
4	期刊编辑	1	0.46
5	数字出版编辑	11	5.02
6	相关领导	40	18.26
7	合计	219	99.99

回答问卷的 219 名编辑人员和相关领导，在职时间 10 年及以上的为 95 人，占比约 43.38%，在职时间 6~9 年的为 56 人，占比约 25.57%，与集团编辑岗位员工稳定性较强的情况相一致。

3. 工作取向胜任素质问卷统计分析

对所有回收问卷中的工作取向胜任素质项进行重要程度累加统计，求得重要程度频数平均值后，由高到低排列分区（见表 1-8）。

分区标准：按照重要程度频数平均值≥3.7、重要程度频数平均值≥3.6、重要程度频数平均值≥3.5、重要程度频数平均值≥3.4、重要程度频数平均值≥3.3、重要程度频数平均值<3.3分为A、B、C、D、E、F六个重要程度分区。（后文相关表格均依此标准划分重要程度分区。）

表1-8 编辑岗位工作取向胜任素质重要程度统计表（总体情况）

序号	素质项目	重要程度频数 4	重要程度频数 3	重要程度频数 2	重要程度频数 1	重要程度频数平均值	重要程度频数方差	重要程度频数标准差	重要程度频数变异系数	重要程度分区
1	细心严谨	191	26	2	0	3.863	3.108	1.763	0.456	A
2	踏实认真	167	50	2	0	3.753	2.821	1.680	0.447	A
3	审美能力	165	52	2	0	3.744	2.798	1.673	0.447	A
4	专业知识和技能	167	47	5	0	3.740	2.787	1.669	0.446	A
5	语言表达能力	160	56	3	0	3.717	2.731	1.653	0.445	A
6	创新精神	161	52	6	0	3.708	2.709	1.646	0.444	A
7	分析判断能力	157	58	4	0	3.699	2.687	1.639	0.443	B
8	语言驾驭能力	158	55	6	0	3.694	2.676	1.636	0.443	B
9	经验积累	156	53	10	0	3.667	2.611	1.616	0.441	B
10	知识面	152	56	11	0	3.644	2.558	1.599	0.439	B
11	策划和组织能力	146	66	7	0	3.635	2.538	1.593	0.438	B
12	掌握市场导向	146	67	5	1	3.635	2.538	1.593	0.438	B
13	承压力	142	69	8	0	3.612	2.486	1.577	0.437	B
14	前沿追踪	141	71	7	0	3.612	2.486	1.577	0.437	B
15	出版敏感度	143	65	11	0	3.603	2.466	1.570	0.436	B
16	适应性和弹性	140	67	12	0	3.584	2.426	1.558	0.435	C
17	客户导向	141	65	13	0	3.584	2.426	1.558	0.435	C
18	初步业务了解	138	69	12	0	3.575	2.406	1.551	0.434	C
19	冷静	132	71	14	2	3.521	2.292	1.514	0.430	C

为进一步分析在岗编辑与相关领导对胜任素质重要程度认识的相关性,将回收问卷按照在岗编辑与相关领导及管理者分组统计,同样以重要程度累加统计,求得重要程度频数平均值后,由高到低排列分区(见表1-9、表1-10)。

表1-9 编辑岗位工作取向胜任素质重要程度统计表(在岗编辑问卷)

序号	素质项目	重要程度频数 4	重要程度频数 3	重要程度频数 2	重要程度频数 1	重要程度频数平均值	重要程度频数方差	重要程度频数标准差	重要程度频数变异系数	重要程度分区
1	细心严谨	155	21	2	0	3.860	3.098	1.760	0.456	A
2	踏实认真	147	26	5	0	3.798	2.934	1.713	0.451	A
3	专业知识和技能	137	39	2	0	3.758	2.834	1.683	0.448	A
4	审美能力	137	38	3	0	3.753	2.820	1.679	0.447	A
5	语言表达能力	130	40	8	0	3.685	2.655	1.629	0.442	B
6	创新精神	126	47	5	0	3.680	2.642	1.625	0.442	B
7	经验积累	124	49	5	0	3.669	2.615	1.617	0.441	B
8	知识面	123	47	8	0	3.646	2.563	1.601	0.439	B
9	语言驾驭能力	126	40	11	1	3.635	2.538	1.593	0.438	B
10	分析判断能力	122	47	8	1	3.629	2.525	1.589	0.438	B
11	掌握市场导向	112	54	12	0	3.562	2.377	1.542	0.433	C
12	策划和组织能力	114	49	15	0	3.556	2.366	1.538	0.432	C
13	出版敏感度	108	52	17	1	3.500	2.250	1.500	0.429	C

续表

序号	素质项目	重要程度频数 4	3	2	1	重要程度频数平均值	重要程度频数方差	重要程度频数标准差	重要程度频数变异系数	重要程度分区
14	前沿追踪	104	58	16	0	3.494	2.239	1.496	0.428	D
15	承压力	103	60	14	1	3.489	2.228	1.493	0.428	D
16	初步业务了解	102	59	17	0	3.478	2.206	1.485	0.427	D
17	适应性和弹性	90	74	14	0	3.427	2.109	1.452	0.424	D
18	客户导向	93	67	16	2	3.410	2.078	1.442	0.423	D
19	冷静	86	68	24	0	3.348	1.970	1.403	0.419	E

表1-10 编辑岗位工作取向胜任素质重要程度统计表（相关领导及管理者问卷）

序号	素质项目	重要程度频数 4	3	2	1	重要程度频数平均值	重要程度频数方差	重要程度频数标准差	重要程度频数变异系数	重要程度分区
1	语言表达能力	37	4	1	1	3.791	2.916	1.708	0.450	A
2	分析判断能力	38	3	0	0	3.744	2.798	1.673	0.447	A
3	审美能力	38	3	0	0	3.744	2.798	1.673	0.447	A
4	语言驾驭能力	37	4	0	0	3.721	2.741	1.655	0.445	A

续表

序号	素质项目	重要程度频数 4	3	2	1	重要程度频数平均值	重要程度频数方差	重要程度频数标准差	重要程度频数变异系数	重要程度分区
5	细心严谨	36	5	0	0	3.698	2.684	1.638	0.443	
6	专业知识和技能	36	5	0	0	3.698	2.684	1.638	0.443	
7	创新精神	35	6	0	0	3.674	2.629	1.621	0.441	
8	策划和组织能力	35	6	0	0	3.674	2.629	1.621	0.441	B
9	踏实认真	35	5	1	0	3.651	2.575	1.605	0.440	
10	掌握市场导向	33	8	0	0	3.628	2.522	1.588	0.438	
11	知识面	32	9	0	0	3.605	2.470	1.572	0.436	
12	经验积累	30	11	0	0	3.558	2.370	1.539	0.433	C
13	承压力	30	9	2	0	3.512	2.273	1.508	0.429	
14	客户导向	27	13	1	0	3.465	2.181	1.477	0.426	D
15	适应性和弹性	25	15	1	0	3.419	2.094	1.447	0.423	
16	前沿追踪	25	14	2	0	3.395	2.052	1.432	0.422	
17	出版敏感度	23	16	2	0	3.349	1.971	1.404	0.419	E
18	冷静	24	14	3	0	3.349	1.971	1.404	0.419	
19	初步业务了解	19	18	3	1	3.186	1.721	1.312	0.412	F

对比表1-9与表1-10，我们不难发现，相关领导及管理者答卷的胜任素质重要程度频数平均值明显高于在岗编辑，这与他们承担的领导与管理任务，以及长期的工作经验密切相关。在出版社领导看来，编辑岗位的胜任素质项目都十分重要。由于两组样本数量差

距太大，我们根据三组问卷胜任素质重要程度的分区情况，决定最终重要程度等级（见表 1-11）。

表 1-11　编辑岗位工作取向胜任素质重要程度等级

序号	胜任素质项目	总体问卷重要程度分区	在岗编辑问卷重要程度分区	相关领导及管理者问卷重要程度分区	最终重要程度等级
1	细心严谨	A	A	B	核心胜任素质
2	踏实认真	A	A	B	
3	专业知识和技能	A	A	B	
4	审美能力	A	A	A	
5	语言表达能力	A	B	A	
6	创新精神	A	B	B	重要胜任素质
7	分析判断能力	B	B	A	
8	语言驾驭能力	B	B	A	
9	知识面	B	B	B	
10	经验积累	B	B	C	
11	策划和组织能力	B	C	B	次要胜任素质
12	掌握市场导向	B	C	B	
13	承压力	B	D	C	一般胜任素质
14	客户导向	C	D	D	
15	出版敏感度	B	C	E	
16	前沿追踪	B	D	E	
17	适应性和弹性	C	D	D	
18	冷静	C	E	E	
19	初步业务了解	C	D	F	

4. 自我取向胜任素质问卷统计分析

对所有回收问卷中的自我取向胜任素质项进行重要程度累加统计，求得重要程度频数平均值后，由高到低排列分区（见表1-12）。

表1-12 编辑岗位自我取向胜任素质重要程度统计表（总体情况）

序号	素质项目	重要程度频数 4	3	2	1	重要程度频数平均值	重要程度频数方差	重要程度频数标准差	重要程度频数变异系数	重要程度分区
1	文学素养与文字功底	172	46	1	0	3.781	2.891	1.700	0.450	A
2	政治认知力	167	50	2	0	3.753	2.821	1.680	0.447	A
3	敬业精神	165	52	2	0	3.744	2.798	1.673	0.447	A
4	职业责任心	167	47	5	0	3.740	2.787	1.669	0.446	A
5	人文素养	160	56	3	0	3.717	2.731	1.653	0.445	A
6	正直诚实	161	52	6	0	3.708	2.709	1.646	0.444	A
7	耐心	157	58	4	0	3.699	2.687	1.639	0.443	B
8	学习能力	158	55	6	0	3.694	2.676	1.636	0.443	B
9	逻辑思维能力	156	53	10	0	3.667	2.611	1.616	0.441	B
10	身体素质	152	56	11	0	3.644	2.558	1.599	0.439	B
11	虚心	146	66	7	0	3.635	2.538	1.593	0.438	B
12	使命感	146	67	5	1	3.635	2.538	1.593	0.438	B
13	职业主动性	142	69	8	0	3.612	2.486	1.577	0.437	B
14	良好的心理素质	141	71	7	0	3.612	2.486	1.577	0.437	B
15	对工作的热情和兴趣	143	65	11	0	3.603	2.466	1.570	0.436	B

续表

序号	素质项目	重要程度频数 4	3	2	1	重要程度频数平均值	重要程度频数方差	重要程度频数标准差	重要程度频数变异系数	重要程度分区
16	时间管理能力	140	67	12	0	3.584	2.426	1.558	0.435	C
17	审美能力	140	67	12	0	3.584	2.426	1.558	0.435	C
18	问题解决能力	141	65	13	0	3.584	2.426	1.558	0.435	C
19	职业效率	138	69	12	0	3.575	2.406	1.551	0.434	C
20	内省精神	132	71	14	2	3.521	2.292	1.514	0.430	C
21	成就导向	128	76	13	2	3.507	2.264	1.505	0.429	C
22	公关能力	116	83	20	0	3.438	2.131	1.460	0.425	D
23	应变能力	112	87	19	1	3.416	2.088	1.445	0.423	D
24	反应能力	112	83	24	0	3.402	2.063	1.436	0.422	D

为进一步分析在岗编辑与相关领导对胜任素质重要程度认识的相关性，将回收问卷按照在岗编辑与相关领导及管理者分组统计，同样以重要程度累加统计，求得重要程度频数平均值后，由高到低排列分区（见表1-13、表1-14）。

表 1-13　编辑岗位自我取向胜任素质重要程度统计表（在岗编辑问卷）

序号	素质项目	重要程度频数 4	3	2	1	重要程度频数平均值	重要程度频数方差	重要程度频数标准差	重要程度频数变异系数	重要程度分区
1	文学素养与文字功底	137	40	1	0	3.764	2.848	1.688	0.448	A
2	政治认知力	131	45	2	0	3.725	2.750	1.658	0.445	A
3	职业责任心	132	42	4	0	3.719	2.736	1.654	0.445	A
4	敬业精神	129	47	2	0	3.713	2.723	1.650	0.444	A
5	正直诚实	130	43	5	0	3.702	2.695	1.642	0.443	A
6	耐心	128	47	3	0	3.702	2.695	1.642	0.443	A
7	人文素养	127	48	3	0	3.697	2.682	1.638	0.443	B
8	学习能力	124	49	5	0	3.669	2.615	1.617	0.441	B
9	身体素质	123	45	10	0	3.635	2.538	1.593	0.438	B
10	虚心	118	55	5	0	3.635	2.538	1.593	0.438	B
11	逻辑思维能力	121	47	10	0	3.624	2.512	1.585	0.437	B
12	使命感	114	58	5	1	3.601	2.462	1.569	0.436	B
13	良好的心理素质	114	57	7	0	3.601	2.462	1.569	0.436	B
14	审美能力	116	51	11	0	3.590	2.438	1.561	0.435	C
15	对工作的热情和兴趣	114	53	11	0	3.579	2.413	1.554	0.434	C
16	职业主动性	109	62	7	0	3.573	2.401	1.550	0.434	C
17	时间管理能力	111	58	9	0	3.573	2.401	1.550	0.434	C
18	问题解决能力	111	56	11	0	3.562	2.377	1.542	0.433	C
19	职业效率	109	59	10	0	3.556	2.366	1.538	0.432	C

续表

序号	素质项目	重要程度频数 4	3	2	1	重要程度频数平均值	重要程度频数方差	重要程度频数标准差	重要程度频数变异系数	重要程度分区
20	内省精神	104	59	13	2	3.489	2.228	1.493	0.428	D
21	成就导向	100	63	13	2	3.466	2.184	1.478	0.426	D
22	公关能力	87	73	18	0	3.388	2.038	1.428	0.421	E
23	应变能力	86	73	18	1	3.371	2.008	1.417	0.420	E
24	反应能力	85	70	23	0	3.348	1.970	1.403	0.419	E

表1-14 编辑岗位自我取向胜任素质重要程度统计表（相关领导及管理者问卷）

序号	素质项目	重要程度频数 4	3	2	1	重要程度频数平均值	重要程度频数方差	重要程度频数标准差	重要程度频数变异系数	重要程度分区
1	政治认知力	36	5	0	0	3.878	3.149	1.775	0.458	A
2	敬业精神	36	5	0	0	3.878	3.149	1.775	0.458	A
3	逻辑思维能力	35	6	0	0	3.854	3.082	1.756	0.456	A
4	文学素养与文字功底	35	6	0	0	3.854	3.082	1.756	0.456	A
5	职业责任心	35	5	1	0	3.829	3.017	1.737	0.454	A
6	人文素养	33	8	0	0	3.805	2.953	1.718	0.452	A
7	学习能力	34	6	1	0	3.805	2.953	1.718	0.452	A
8	职业主动性	33	7	1	0	3.780	2.890	1.700	0.450	A
9	使命感	32	9	0	0	3.780	2.890	1.700	0.450	A
10	审美能力	31	10	0	0	3.756	2.828	1.682	0.448	A
11	正直诚实	31	9	1	0	3.732	2.767	1.663	0.446	A
12	对工作的热情和兴趣	29	12	0	0	3.707	2.708	1.645	0.444	A

续表

序号	素质项目	重要程度频数 4	3	2	1	重要程度频数平均值	重要程度频数方差	重要程度频数标准差	重要程度频数变异系数	重要程度分区
13	成就导向	28	13	0	0	3.683	2.649	1.628	0.442	
14	身体素质	29	11	1	0	3.683	2.649	1.628	0.442	
15	耐心	29	11	1	0	3.683	2.649	1.628	0.442	
16	问题解决能力	30	9	2	0	3.683	2.649	1.628	0.442	
17	公关能力	29	10	2	0	3.659	2.592	1.610	0.440	
18	良好的心理素质	27	14	0	0	3.659	2.592	1.610	0.440	B
19	内省精神	28	12	1	0	3.659	2.592	1.610	0.440	
20	职业效率	29	10	2	0	3.659	2.592	1.610	0.440	
21	时间管理能力	29	9	3	0	3.634	2.536	1.593	0.438	
22	虚心	28	11	2	0	3.634	2.536	1.593	0.438	
23	反应能力	27	13	1	0	3.634	2.536	1.593	0.438	
24	应变能力	26	14	1	0	3.610	2.482	1.575	0.436	

表1-14显示，相关领导及管理者答卷将编辑自我取向的胜任素质重要程度只分为两个等级，尤其强调政治认知力、敬业精神、文字功底、职业素养、人文精神、责任心和学习发展能力。对比表1-13和表1-14，我们发现相关领导对编辑自我取向胜任素质的认知，与在岗编辑基本一致。我们根据三组问卷胜任素质重要程度的分区情况，决定最终重要程度等级（见表1-15）。

表 1-15　编辑岗位自我取向胜任素质重要程度等级

序号	胜任素质项目	总体问卷重要程度分区	在岗编辑问卷重要程度分区	相关领导及管理者问卷重要程度分区	最终重要程度等级
1	文学素养与文字功底	A	A	A	核心胜任素质
2	政治认知力	A	A	A	核心胜任素质
3	敬业精神	A	A	A	核心胜任素质
4	职业责任心	A	A	A	核心胜任素质
5	正直诚实	A	A	A	核心胜任素质
6	耐心	B	A	B	重要胜任素质
7	人文素养	A	B	A	重要胜任素质
8	学习能力	B	B	A	重要胜任素质
9	逻辑思维能力	B	B	A	重要胜任素质
10	身体素质	B	B	B	重要胜任素质
11	虚心	B	B	B	重要胜任素质
12	使命感	B	B	A	重要胜任素质
13	职业主动性	B	C	A	重要胜任素质
14	良好的心理素质	B	B	B	重要胜任素质
15	对工作的热情和兴趣	B	C	A	重要胜任素质
16	时间管理能力	C	C	B	次要胜任素质
17	职业效率	C	C	B	次要胜任素质
18	问题解决能力	C	C	B	次要胜任素质
19	内省精神	C	D	B	次要胜任素质
20	审美能力	C	C	A	次要胜任素质
21	成就导向	C	D	B	次要胜任素质
22	公关能力	D	E	B	一般胜任素质
23	应变能力	D	E	B	一般胜任素质
24	反应能力	D	E	B	一般胜任素质

5. 人际取向胜任素质问卷统计分析

对所有回收问卷中的人际取向胜任素质项进行重要程度累加统计，求得重要程度频数平均值后，由高到低排列分区（见表1-15）。

表1-15 编辑岗位人际取向胜任素质重要程度统计表（总体情况）

序号	素质项目	重要程度频数 4	重要程度频数 3	重要程度频数 2	重要程度频数 1	重要程度频数平均值	重要程度频数方差	重要程度频数标准差	重要程度频数变异系数	重要程度分区
1	积累和利用人脉	149	61	9	0	3.639	2.548	1.596	0.439	B
2	沟通协调能力	143	71	5	0	3.630	2.527	1.590	0.438	B
3	全局观	141	64	14	0	3.580	2.416	1.554	0.434	C
4	人际交往能力	128	83	8	0	3.548	2.348	1.532	0.432	C
5	团队合作	126	77	15	1	3.498	2.245	1.498	0.428	D
6	组织文化内化	126	77	15	1	3.498	2.245	1.498	0.428	D

为进一步分析在岗编辑与相关领导对胜任素质重要程度认识的相关性，将回收问卷按照在岗编辑与相关领导及管理者分组统计，同样以重要程度累加统计，求得重要程度频数平均值后，由高到低排列分区（见表1-16、表1-17）。

表 1-16　编辑岗位人际取向胜任素质重要程度统计表（在岗编辑问卷）

序号	素质项目	重要程度频数 4	重要程度频数 3	重要程度频数 2	重要程度频数 1	重要程度频数平均值	重要程度频数方差	重要程度频数标准差	重要程度频数变异系数	重要程度分区
1	团队合作	122	46	10	0	3.629	2.525	1.589	0.438	B
2	积累和利用人脉	118	52	8	0	3.618	2.500	1.581	0.437	B
3	沟通协调能力	113	62	3	0	3.618	2.500	1.581	0.437	
4	全局观	109	56	13	0	3.539	2.330	1.526	0.431	C
5	人际交往能力	101	69	8	0	3.522	2.295	1.515	0.430	C
6	组织文化内化	102	64	11	1	3.500	2.250	1.500	0.429	

表 1-17　编辑岗位人际取向胜任素质重要程度统计表（相关领导及管理者问卷）

序号	素质项目	重要程度频数 4	重要程度频数 3	重要程度频数 2	重要程度频数 1	重要程度频数平均值	重要程度频数方差	重要程度频数标准差	重要程度频数变异系数	重要程度分区
1	全局观	32	8	1	0	3.756	2.828	1.682	0.448	A
2	积累和利用人脉	31	9	1	0	3.732	2.767	1.663	0.446	A
3	团队合作	30	9	2	0	3.683	2.649	1.628	0.442	B
4	沟通协调能力	30	9	2	0	3.683	2.649	1.628	0.442	B
5	人际交往能力	27	14	0	0	3.659	2.592	1.610	0.440	
6	组织文化内化	24	13	4	0	3.488	2.226	1.492	0.428	D

综合表 1-15、表 1-16 和表 1-17，我们可以看出，在岗编辑对于人际取向这一项的侧重点在于团队合作和沟通能力，而对于领导而言，全局观与职业积累是重点，这与领导多年工作经验有关，一般而言，领导层比基层员工更富有战略眼光，能够看到基层员工目前无法领会到的问题；由于身处领导岗位，总览全局，对于大格局更有要求。我们根据三组问卷重要程度分区情况，决定最终重要程度等级（见表 1-18）。

表 1-18 编辑岗位人际取向胜任素质重要程度等级

序号	胜任素质项目	总体问卷重要程度分区	在岗编辑问卷重要程度分区	相关领导及管理者问卷重要程度分区	最终重要程度等级
1	积累和利用人脉	B	B	A	重要胜任素质
2	团队合作	D	B	B	重要胜任素质
3	沟通协调能力	B	B	B	重要胜任素质
4	全局观	C	C	A	次要胜任素质
5	人际交往能力	C	C	B	次要胜任素质
6	组织文化内化	D	C	D	次要胜任素质

6. 价值取向胜任素质问卷统计分析

对所有回收问卷中的价值取向胜任素质项进行重要程度累加统计，求得重要程度频数平均值后，由高到低排列分区（见表 1-19）。

表 1-19　编辑岗位价值取向胜任素质重要程度统计表（总体情况）

序号	素质项目	重要程度频数 4	3	2	1	重要程度频数平均值	重要程度频数方差	重要程度频数标准差	重要程度频数变异系数	重要程度分区
1	职业责任感和使命感	159	54	6	0	3.699	2.687	1.639	0.443	B
2	获取稳定较高收入	146	60	13	0	3.607	2.476	1.574	0.436	B
3	人文情怀	138	71	10	0	3.584	2.426	1.558	0.435	C
4	职业成就感	119	80	17	3	3.438	2.131	1.460	0.425	D
5	职业安全感与稳定感	123	73	19	4	3.438	2.131	1.460	0.425	D
6	挑战自我	114	77	26	2	3.384	2.031	1.425	0.421	E
7	实现创新梦想	111	71	30	7	3.306	1.900	1.378	0.417	E
8	谋求权力	71	59	35	54	2.671	1.279	1.131	0.423	F

为进一步分析在岗编辑与相关领导对胜任素质重要程度认识的相关性，将回收问卷按照在岗编辑与相关领导及管理者分组统计，同样以重要程度累加统计，求得重要程度频数平均值后，由高到低排列分区（见表 1-20、表 1-21）。

表 1-20　编辑岗位价值取向胜任素质重要程度统计表（在岗编辑问卷）

序号	素质项目	重要程度频数 4	3	2	1	重要程度频数平均值	重要程度频数方差	重要程度频数标准差	重要程度频数变异系数	重要程度分区
1	职业责任感和使命感	125	48	5	0	3.674	2.629	1.621	0.441	B
2	获取稳定较高收入	120	48	10	0	3.618	2.500	1.581	0.437	B
3	人文情怀	109	61	8	0	3.567	2.389	1.546	0.433	C
4	职业成就感	97	64	15	2	3.438	2.130	1.460	0.425	D
5	职业安全感与稳定感	98	61	16	3	3.427	2.109	1.452	0.424	D
6	挑战自我	94	59	23	2	3.376	2.018	1.421	0.421	E
7	实现创新梦想	88	59	25	6	3.287	1.869	1.367	0.416	F
8	谋求权力	60	47	33	38	2.725	1.300	1.140	0.419	F

表 1-21　编辑岗位价值取向胜任素质重要程度统计表（相关领导及管理者问卷）

序号	素质项目	重要程度频数 4	重要程度频数 3	重要程度频数 2	重要程度频数 1	重要程度频数平均值	重要程度频数方差	重要程度频数标准差	重要程度频数变异系数	重要程度分区
1	职业责任感和使命感	34	6	1	0	3.805	2.953	1.718	0.452	A
2	人文情怀	29	10	2	0	3.659	2.592	1.610	0.440	B
3	获取稳定较高收入	26	12	3	0	3.561	2.376	1.541	0.433	C
4	职业安全感与稳定感	25	12	3	1	3.488	2.226	1.492	0.428	D
5	职业成就感	22	16	2	1	3.439	2.132	1.460	0.425	D
6	挑战自我	20	18	3	0	3.415	2.087	1.444	0.423	D
7	实现创新梦想	23	12	5	1	3.390	2.043	1.429	0.422	E
8	谋求权力	11	12	2	16	2.439	1.254	1.120	0.459	F

综合表 1-19、表 1-20 和表 1-21，我们可以看出，编辑职业的特殊性决定了作为文化知识的传播者，编辑的使命感与责任感较强。在岗编辑对于获取稳定较高收入、职业使命感较为看重，而对于领导而言，除同样强调责任感之外，人文情怀也是领导层较为看重且理当具备的一项重要素质。我们根据三组问卷重要程度分区情况，综合对比，决定最终重要程度等级（见表 1-22）。

表 1-22　编辑岗位价值取向胜任素质重要程度等级

序号	胜任素质项目	总体问卷重要程度分区	在岗编辑问卷重要程度分区	相关领导及管理者问卷重要程度分区	最终重要程度等级
1	职业责任感和使命感	B	B	A	核心胜任素质
2	获取稳定较高收入	B	B	C	重要胜任素质
3	人文情怀	C	C	B	次要胜任素质
4	职业成就感	D	D	D	一般胜任素质
5	职业安全感与稳定感	D	D	D	一般胜任素质
6	挑战自我	E	E	D	拟不列入岗位胜任素质
7	实现创新梦想	E	F	E	拟不列入岗位胜任素质
8	谋求权力	F	F	F	拟不列入岗位胜任素质

三、编辑岗位胜任素质模型的确立

在问卷分析的基础上，课题组在集团所属每个出版社子公司各选择 5 名在岗编辑、2 名社领导或部门领导，共计 48 人进行行为事件访谈。访谈在岗编辑，请他们回忆过去半年时间内，在出版社工作中感到最有成就感及挫折感的关键行为事件，通过情境的描述再现采取的行为及结果，使其通过回忆来陈述完整行为事件。将每段访谈进行整理后,提出关键词编码,通过分析来验证上述素质模型的关键行为指标。

根据整理出的四个取向维度的各项胜任素质的重要程度和行为描述,深入访谈社领导或部门领导,进一步验证问卷调查的分析结果,确立胜任素质模型(见表1-23)。

表1-23 编辑岗位胜任素质模型

取向维度	核心胜任素质	重要胜任素质	次要胜任素质	一般胜任素质
工作取向	细心严谨;踏实认真;专业知识和技能;审美能力;语言表达能力	创新精神;分析判断能力;语言驾驭能力;知识面;经验积累	策划和组织能力;掌握市场导向	承压力;客户导向;出版敏感度;前沿追踪;适应性和弹性;冷静;初步业务了解
自我取向	文学素养与文字功底;政治认知力;敬业精神;职业责任心;正直诚实	耐心;人文素养;学习能力;逻辑思维能力;身体素质;虚心;使命感;职业主动性;良好的心理素质;对工作热情和兴趣;时间管理能力	职业效率;问题解决能力;内省精神;审美能力;成就导向	公关能力;应变能力;反应能力
人际取向	/	积累和利用人脉;团队合作;沟通协调能力	全局观;人际交往能力;组织文化内化	/
价值取向	职业责任感和使命感	获取稳定较高收入	人文情怀	职业成就感;职业安全感与稳定感

第三节　发行岗位胜任素质模型初步建构

一、制定胜任素质词典与整理甄选过渡模型

课题组以莱尔·M. 斯潘塞和塞尼·M. 斯潘塞（1993）21项通用胜任素质为基础，从工作取向、自我取向、人际取向、价值取向四大族群，查阅相关文献，学习兄弟集团相关经验，制定出发行岗位胜任素质词典。与此同时，成立由集团人力资源管理部门领导和管理人员、资深发行人员和出版专家组成的专家组，通过讨论分析，确定胜任素质模型指标依据为集团未来的战略目标、发行岗位的主要职责、岗位对任职者任职资格的基本要求、岗位的高绩效标准和未来岗位面临的新要求与挑战。在此基础上，以胜任素质词典为基础，专家组甄选整理出发行岗位胜任素质的过渡模型（见表1-24、表1-25、表1-26、表1-27）。

表1-24　发行岗位胜任素质词典（一）——工作取向素质族群

序号	胜任素质	相关胜任能力
1.01	行动力	具有为了既定目标的达成，高效实施并取得成果的能力。具体来说就是能够主动开展工作，通过调研和不断尝试将模糊的意向和目标转化成可实施的方案，对出现的问题，主动及时寻找解决方案

续表

序号	胜任素质	相关胜任能力
1.02	表达能力	采用各种表达方式，根据环境和对象调整方法，通过语言、肢体或者表情通俗流畅地表达出自己的见解和意见，能够使沟通的对象快速理解并且接受
1.03	自信	对自身有清醒的判断和认识，对自己的能力有积极的认知和肯定，相信自己有实现既定目标的能力，在出现突发状况时能表现出对自己的判断和决定的认可。不轻易因为他人的评判甚至诽谤改变既定目标，仍然行动，完成最初的目标
1.04	感召力	通过自身的行为带动身边的人为共同的目标努力，并且具有为了获得对方的支持、理解或帮助，使对方认同自己的观点，采用说服等方法使他人赞同的能力
1.05	沟通协调能力	重视沟通的作用，乐于与人建立联系，遇到沟通的障碍的时候能够以积极的心态去面对。能够通过主动热情的态度和诚恳的人格赢得沟通对象的肯定，寻找到解决问题的方法，从而获得良好的社交环境和效果
1.06	忠诚	对所在企业有高度的责任心和代入感，能够积极地将个人目标和企业发展紧密结合起来。能高度认可企业文化，工作稳定性强
1.07	学习能力	对新知识具有敏感性，保持学习的热情，能够主动进行总结，通过自身过往的经验或者吸取他人的经验教训、研究成果等，增长见识，获得知识，提高技能和素质，获得有利于未来发展的养分
1.08	客户服务	关注客户的需求和利益，从客户的角度出发，与客户建立并保持稳定、信任的伙伴关系。能够在客户心目中树立良好的企业形象和口碑，提高客户的忠诚度

续表

序号	胜任素质	相关胜任能力
1.09	知识面	了解与出版领域有关的政治学、法学、经济学、社会学、生物学、体育、音乐、美术、文学等方面的知识。除了出版学的知识外，对某一其他领域的知识有较深程度的掌握和研究，曾经从课堂、书籍、媒体或者其他渠道学习过相关知识，或者学习过相关专业
1.10	前沿追踪	对社会实际状况密切关注，关心政策和时政，有充分的了解和理解能力。对社会各方面的变化和发展有敏感性，能够与时俱进
1.11	客户导向	对待客户积极热情，态度和蔼，体现尊重。积极承担个人责任，做出坚实的努力为客户提供附加价值。以满足客户需求、增加客户价值为自己工作的出发点，在工作过程中，能够设身处地为客户着想，尽自己的一切能力满足客户需求
1.12	踏实认真	对待工作兢兢业业，认真负责
1.13	策划和组织能力	作为出版人策划、设计选题的能力，组织活动能力
1.14	掌握市场导向	以市场的发展变化作为自己工作的行动指南，密切关注市场经济环境和客户需求的变化，渴望对市场信息有充分的掌握，有明确的市场意识，保持对市场的密切关注，以技术发展、客户需求等市场因素作为自己工作的方向标，具备高度的市场洞察力

表1-25　发行岗位胜任素质词典（二）——自我取向素质族群

序号	胜任素质	相关胜任能力
2.01	细心专注	做事心思缜密，仔细，认真，注意小细节。做事的时候能够集中注意力，全神贯注
2.02	经验积累	在某一领域或者岗位上工作持续了较长一段时间，通过体验或观察业务开展的条件、工作内容和工作所需要的方法和技术、工作成果的考评标准、企业文化气氛等，经过自己的摸索、归纳、判断和总结获得的心得并应用于后续作业。处理日常任务的熟练性提高，效率增加，绩效提高
2.03	出版敏感度	对身边事物有着细致的观察，能够敏锐地发现新选题，并且对新选题所具有的价值进行迅速判断
2.04	冷静	在复杂棘手的问题出现时，或者当突发性事件出现时，能够处变不惊
2.05	主动性	在不经过别人的催促和要求的情况下，能够自发、自觉地为完成好任务和工作而做出一系列努力
2.06	人文素养	具备丰富的人文社科知识，具备为人处世的技巧、批判思考精神、文化比较能力、适应变迁的能力等。对于文史哲方面的知识有比较深入的了解和兴趣。多才多艺，学养深厚。对艺术作品有一定的创作和欣赏能力，热爱读书和写作。看待事物的视角充满人文关怀
2.07	时间管理能力	具有时间意识，能有效地运用时间，降低变动性
2.08	身体素质	能够在快节奏的工作中保持身体健康，承担较大的劳动量。可以有精力和体力应对沉重的工作负担，对于持续的加班、熬夜等能够支持下来而不至于生病

续表

序号	胜任素质	相关胜任能力
2.09	正直诚实	能够依据事物本来的情况处理工作中的事务,不受个人利益、好恶的影响,信守承诺,正确对待自己的错误
2.10	耐心	处理事情不急躁、不厌烦,能坚持完成一件可能十分烦琐无聊的事
2.11	虚心	不自以为是,能够接受别人意见
2.12	文学素养与文字功底	具备扎实的写作能力,擅长语言表达,能熟练地改正错别字,了解成语、谚语、俗语的基本用法,具备文学常识,具备现代文理解和古文翻译能力,等等
2.13	公关能力	能与上级、同事和其他行业领域的人建立良性的关系,为业务开展赢得更大的空间和机会。能屈能伸,面对压力能够泰然处之,具备较强的社交能力,能应对各种复杂的人际交往情境
2.14	家庭和谐	家庭温馨和睦,不过多分散精力,不会因家庭琐事影响工作,能够为工作提供积极的动力
2.15	情绪调节能力	能够不受情绪左右,不沉浸在坏情绪中,能够及时调整状态,理智地处理事务,解决问题,不激化矛盾
2.16	坚韧不拔	不因挫折和障碍而停滞不前,面对困难不逃避,不畏惧,能够迎难而上,解决问题,为了达成既定目标而不懈努力,不轻言放弃
2.17	创新能力	能够运用自身的知识和文化,不断在工作中寻找新方法、新出路。不受旧的思维模式限制,善于另辟蹊径,开发新思路解决实际问题
2.18	逻辑思维能力	能够对事物进行观察和比较,能够合理地分析、概括、整理、综合、判断、推理,从而找出解决问题的关键并提出科学合理可行的方法

续表

序号	胜任素质	相关胜任能力
2.19	自我认知	能够正确地认识到自身的能力和不足、优势和劣势，能够有意识地扬长避短，发挥优势，将自己放在一个合适的位置上。同时学习他人长处弥补自身不足，能够以谦卑的心态去学习，同时又有能够完成工作的信心
2.20	分析判断能力	能够通过一些事件的发生或者现象的产生对事情发生的因果以及对自身、工作或者企业产生的影响进行分析判断，并果断采取措施，以达到最有利于公司业务发展的目的
2.21	严谨	做事有计划性、细致、周密，对时间以及程序有严格的自律，不自由散漫，做事认真，追求完美

表1-26 发行岗位胜任素质词典（三）——人际取向素质族群

序号	胜任素质	相关胜任能力
3.01	组织文化内化	能够对自己所在出版社、报社、杂志社等新闻媒体行业的出版风格有一定的了解，了解本单位对新闻稿件、书籍的内容、形式、主体风格的偏好和要求
3.02	团队合作	团队倾力合作完成共同的目标与任务
3.03	全局观	决策时能够通盘考虑，以企业发展大局为重。顾全大局，乐于奉献，能够起表率带头作用，具有集体荣誉感和责任心
3.04	积累和利用人脉	重视人际关系，善于利用正常状态下的人力资源的合理互换
3.05	人际交往能力	能够处理好工作环境下与同事、他人的合作往来关系
3.06	沟通协调能力	在日常工作中能够妥善处理好与上级、同级、下级等人员的各种关系，减少摩擦，能够调动各方面的工作积极性

表1-27 发行岗位胜任素质词典（四）——价值取向素质族群

序号	胜任素质	相关胜任能力
4.01	人文情怀	内心深处追求真善美，并以此关注自己、关注他人、关注万物
4.02	职业责任感和使命感	承担发行工作所具有的责任心，完成传播知识文化的使命
4.03	获取稳定较高收入	通过工作获取与付出相匹配的收入与回报
4.04	实现创新梦想	通过工作实现自己在事业上的新突破
4.05	职业成就感	工作带给个人的心理满足感
4.06	职业安全感和稳定感	通过工作，获得满意安稳的状态，工作为个人提供安身立命的保障
4.07	挑战自我	通过工作使个人的能力得到提升，实现更大的突破

二、过渡模型岗位胜任素质共识度调查分析

课题组通过问卷调查对发行岗位胜任素质过渡模型进一步论证，初步排列各项胜任素质在岗位胜任模型中的重要程度。专家组针对问卷调查结果，并通过行为事件访谈法与集团总部、发行子公司业务领导研讨，分析问卷调查结果，剔除不必要的素质或增加一些更相关的素质，补充个性化定义和行为描述。

1. 问卷设计

课题组依据胜任素质过渡模型，对各项胜任素质进行行为描述后编制了调查问卷。问卷采用选择题形式，要求被调查者按照"非常重要""重要""比较重要""不重要"四个等级，判断每一项胜任素质的重要程度（见附录2）。

2. 问卷发放与回收

发行岗位胜任素质调研问卷向集团所属各市县新华书店发放1000份，收回有效问卷860份。

从性别构成来看，发行岗位的女性员工为398人，占比约46%，男性员工为462人，占比约54%。相比编辑岗位的男女比例悬殊，发行岗位的男性员工略多于女性，总体差距不大。

从任职时间来看，在职时间10年及以上的为583人，占比约68%，其余不同年龄阶段员工所占比例基本持平，显示发行队伍具有较强的稳定性（见图1-4）。

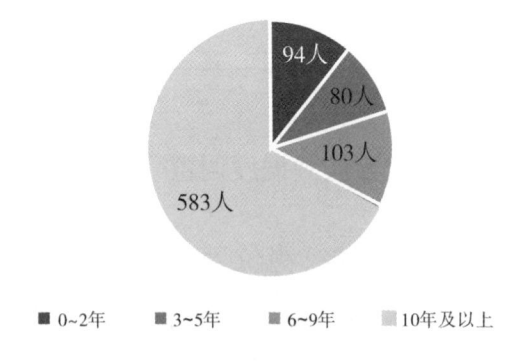

图1-4　发行岗位胜任素质调研问卷调研受试者任职年限构成

从年龄构成来看，35~44岁的员工为333人，占比约39%；45岁以上的员工318人，占比约37%。发行人员队伍为稳健型（见图1-5）。

图 1-5　发行岗位胜任素质调研问卷调研受试者年龄构成

接受问卷调查的发行人员，专科学历人数为 627，占比约 73%，在发行群体中人数最多。相比编辑岗位需要更专业的知识文化水平，发行岗位对此要求较低（见图 1-6）。

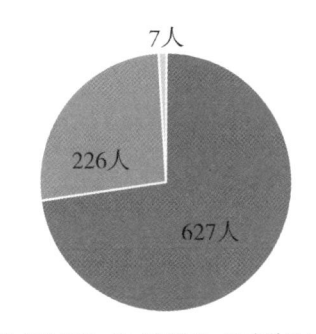

图 1-6　发行岗位胜任素质调研问卷调研受试者学历构成

860 份有效问卷，589 份为基层员工问卷，150 份为中层管理人员问卷，121 份为基层和省市店经理、副经理等公司领导问卷。参与调查问卷的人员按照公司领导、中层管理人员、基层员工分类，分析并收集三级人员对于同一素质项目的反馈与意见，频数较高、频数差较小的素质项目，即说明被试人员对上述胜任素质对发行岗位的重要程度达成一致意见，该胜任素质越受员工重视。

3. 工作取向胜任素质问卷统计分析

对所有回收问卷中的工作取向胜任素质项进行重要程度累加统计，求得重要程度频数平均值后，由高到低排列分区（见表1-28）。

表1-28 发行岗位工作取向胜任素质重要程度统计表（总体情况）

序号	素质项目	重要程度频数 4	重要程度频数 3	重要程度频数 2	重要程度频数 1	重要程度频数平均值	重要程度频数方差	重要程度频数标准差	重要程度频数变异系数	重要程度分区
1	行动力	711	130	15	1	3.810	2.966	1.722	0.452	A
2	表达能力	718	113	25	1	3.806	2.956	1.719	0.452	A
3	自信	705	134	16	1	3.798	2.935	1.713	0.451	A
4	感召力	710	121	24	2	3.796	2.929	1.711	0.451	A
5	沟通协调能力	687	143	25	2	3.768	2.857	1.690	0.449	A
6	忠诚	675	160	21	1	3.761	2.840	1.685	0.448	A
7	学习能力	677	148	30	2	3.750	2.813	1.677	0.447	A
8	客户服务	641	183	30	3	3.706	2.704	1.644	0.444	A
9	知识面	641	182	30	4	3.704	2.699	1.643	0.444	A
10	前沿追踪	644	172	36	5	3.698	2.685	1.639	0.443	B
11	客户导向	637	173	42	5	3.683	2.649	1.627	0.442	B
12	踏实认真	598	217	35	7	3.641	2.551	1.597	0.439	B
13	策划和组织能力	562	232	57	6	3.575	2.406	1.551	0.434	C
14	掌握市场导向	564	226	55	12	3.566	2.386	1.545	0.433	C

为进一步分析基层员工、中层管理人员与公司领导对工作取向胜任素质重要程度认识的相关性，将回收问卷按照在岗发行人员与相关领导及管理人员分组统计，同样以重要程度累加统计，求得重要程度频数平均值后，由高到低排列分区（见表1-29、表1-30、表1-31）。

表1-29 发行岗位工作取向胜任素质重要程度统计表（基层员工问卷）

序号	素质项目	重要程度频数 4	3	2	1	重要程度频数平均值	重要程度频数方差	重要程度频数标准差	重要程度频数变异系数	重要程度分区
1	沟通协调能力	484	90	13	1	3.811	2.968	1.723	0.452	A
2	忠诚	481	88	18	1	3.797	2.932	1.712	0.451	
3	踏实认真	471	103	12	1	3.785	2.901	1.703	0.450	
4	行动力	471	97	19	1	3.778	2.884	1.698	0.449	
5	客户服务	466	101	20	1	3.768	2.858	1.690	0.449	
6	学习能力	457	114	16	1	3.759	2.836	1.684	0.448	
7	表达能力	454	110	24	0	3.744	2.798	1.673	0.447	
8	客户导向	438	120	27	3	3.701	2.693	1.641	0.443	
9	掌握市场导向	431	133	21	3	3.700	2.689	1.640	0.443	
10	自信	428	133	25	2	3.691	2.669	1.634	0.443	B
11	感召力	421	128	34	5	3.654	2.581	1.606	0.440	
12	策划和组织能力	398	163	21	6	3.633	2.534	1.592	0.438	
13	知识面	387	161	35	5	3.594	2.447	1.564	0.435	C
14	前沿追踪	385	157	36	10	3.572	2.398	1.549	0.434	

表 1-30　发行岗位工作取向胜任素质重要程度统计表（中层管理人员问卷）

序号	素质项目	重要程度频数 4	3	2	1	重要程度频数平均值	重要程度频数方差	重要程度频数标准差	重要程度频数变异系数	重要程度分区
1	行动力	135	10	3	1	3.872	3.134	1.770	0.457	A
2	踏实认真	129	17	3	0	3.846	3.061	1.749	0.455	A
3	忠诚	129	15	5	0	3.832	3.025	1.739	0.454	A
4	沟通协调能力	123	25	1	0	3.819	2.989	1.729	0.453	A
5	表达能力	119	25	3	2	3.752	2.817	1.678	0.447	A
6	学习能力	116	29	4	0	3.752	2.817	1.678	0.447	A
7	自信	116	29	3	1	3.745	2.800	1.673	0.447	A
8	客户服务	113	32	3	1	3.725	2.750	1.658	0.445	A
9	感召力	112	32	5	0	3.718	2.734	1.653	0.445	A
10	掌握市场导向	113	27	8	1	3.691	2.669	1.634	0.443	B
11	客户导向	111	28	8	2	3.664	2.606	1.614	0.441	B
12	策划和组织能力	110	25	13	1	3.638	2.544	1.595	0.438	B
13	前沿追踪	92	41	14	2	3.497	2.243	1.498	0.428	D
14	知识面	89	43	16	1	3.477	2.204	1.484	0.427	D

表 1-31 发行岗位工作取向胜任素质重要程度统计表（公司领导问卷）

序号	素质项目	重要程度频数 4	重要程度频数 3	重要程度频数 2	重要程度频数 1	重要程度频数平均值	重要程度频数方差	重要程度频数标准差	重要程度频数变异系数	重要程度分区
1	忠诚	108	10	2	0	3.883	3.164	1.779	0.458	A
2	客户服务	108	10	2	0	3.883	3.164	1.779	0.458	
3	踏实认真	105	14	1	0	3.867	3.118	1.766	0.457	
4	沟通协调能力	104	15	1	0	3.858	3.095	1.759	0.456	
5	行动力	104	14	2	0	3.850	3.073	1.753	0.455	
6	表达能力	104	13	3	0	3.842	3.050	1.746	0.455	
7	感召力	104	13	3	0	3.842	3.050	1.746	0.455	
8	学习能力	102	17	1	0	3.842	3.050	1.746	0.455	
9	掌握市场导向	97	22	1	0	3.800	2.940	1.715	0.451	
10	自信	97	21	2	0	3.792	2.918	1.708	0.451	
11	客户导向	95	24	1	0	3.783	2.897	1.702	0.450	
12	策划和组织能力	90	29	1	0	3.742	2.792	1.671	0.447	
13	前沿追踪	87	28	5	0	3.683	2.650	1.628	0.442	B
14	知识面	86	28	6	0	3.667	2.611	1.616	0.441	

对比表 1-29、表 1-30 与表 1-31，我们不难发现，相关领导答卷的胜任素质重要程度频数平均值明显高于基层员工与中层管理人员，这与他们承担的领导与管理任务以及长期工作经验密切相关。在发行机构领导眼里，发行岗位的胜任素质项目都十分重要。由于三组样本数量差距太大，我们根据三组问卷胜任素质重要程度的分区情况，决定最终重要程度等级（见表 1-32）。

表 1-32　发行岗位工作取向胜任素质重要程度等级

序号	胜任素质项目	总体问卷重要程度分区	基层员工问卷重要程度分区	中层管理人员问卷重要程度分区	公司领导问卷重要程度分区	最终重要程度等级
1	沟通协调能力	A	A	A	A	核心胜任素质
2	忠诚	A	A	A	A	
3	踏实认真	B	A	A	A	
4	行动力	A	A	A	A	
5	客户服务	A	A	A	A	
6	学习能力	A	A	A	A	
7	表达能力	A	A	A	A	
8	自信	A	B	A	A	
9	客户导向	B	A	B	A	
10	掌握市场导向	C	A	B	A	重要胜任素质
11	感召力	A	B	A	A	
12	策划和组织能力	C	B	B	A	
13	知识面	A	C	D	B	次要胜任素质
14	前沿追踪	B	C	D	B	

4. 自我取向胜任素质问卷统计分析

对所有回收问卷中的自我取向胜任素质项进行重要程度累加统计，求得重要程度频数平均值后，由高到低排列分区（见表 1-33）。

表 1-33　发行岗位自我取向胜任素质重要程度统计表（总体情况）

序号	素质项目	重要程度频数 4	重要程度频数 3	重要程度频数 2	重要程度频数 1	重要程度频数平均值	重要程度频数方差	重要程度频数标准差	重要程度频数变异系数	重要程度分区
1	细心专注	693	145	19	0	3.786	2.905	1.704	0.450	A
2	正直诚实	679	154	22	2	3.762	2.843	1.686	0.448	A
3	严谨	655	185	17	0	3.744	2.799	1.673	0.447	A
4	主动性	658	175	22	5	3.741	2.790	1.670	0.446	A
5	经验积累	658	177	20	2	3.740	2.787	1.669	0.446	A
6	耐心	653	175	26	3	3.725	2.750	1.658	0.445	A
7	分析判断能力	619	218	23	3	3.709	2.713	1.647	0.444	A
8	虚心	628	196	31	2	3.692	2.671	1.634	0.443	B
9	身体素质	619	198	40	0	3.676	2.632	1.622	0.441	B
10	情绪调节能力	610	210	36	1	3.667	2.613	1.616	0.441	B
11	坚韧不拔	604	222	30	1	3.667	2.613	1.616	0.441	B
12	自我认知	608	213	35	1	3.666	2.610	1.616	0.441	B
13	家庭和谐	618	193	42	4	3.663	2.602	1.613	0.440	B
14	创新能力	606	215	32	4	3.660	2.597	1.611	0.440	B
15	时间管理能力	601	211	43	2	3.646	2.564	1.601	0.439	B
16	公关能力	600	212	41	4	3.643	2.556	1.599	0.439	B
17	冷静	599	208	47	3	3.637	2.543	1.595	0.438	B
18	人文素养	596	207	51	3	3.629	2.525	1.589	0.438	B
19	逻辑思维能力	581	229	44	3	3.620	2.504	1.582	0.437	B

续表

序号	素质项目	重要程度频数 4	3	2	1	重要程度频数平均值	重要程度频数方差	重要程度频数标准差	重要程度频数变异系数	重要程度分区
20	出版敏感度	543	235	67	12	3.527	2.306	1.518	0.430	C
21	文学素养与文字功底	542	230	75	8	3.519	2.289	1.513	0.430	

为进一步分析在岗发行人员与相关领导对自我取向胜任素质重要程度认识的相关性，将回收问卷按照基层员工、中层管理人员和公司领导分组统计，同样以重要程度累加统计，求得重要程度频数平均值后，由高到低排列分区（见表1-34、表1-35、表1-36）。

表1-34 发行岗位自我取向胜任素质重要程度统计表（基层员工问卷）

序号	素质项目	重要程度频数 4	3	2	1	重要程度频数平均值	重要程度频数方差	重要程度频数标准差	重要程度频数变异系数	重要程度分区
1	细心专注	475	101	12	0	3.787	2.907	1.705	0.450	A
2	正直诚实	461	110	15	2	3.752	2.817	1.678	0.447	
3	主动性	451	120	15	5	3.740	2.787	1.669	0.446	
4	严谨	443	135	10	0	3.736	2.779	1.667	0.446	
5	耐心	450	121	15	2	3.733	2.770	1.664	0.446	
6	经验积累	445	128	13	2	3.728	2.758	1.661	0.445	

续表

序号	素质项目	重要程度频数 4	3	2	1	重要程度频数平均值	重要程度频数方差	重要程度频数标准差	重要程度频数变异系数	重要程度分区
7	虚心	430	137	19	2	3.692	2.671	1.634	0.443	
8	分析判断能力	407	172	12	3	3.692	2.671	1.634	0.443	
9	身体素质	423	138	27	0	3.673	2.627	1.621	0.441	
10	情绪调节能力	415	151	22	0	3.668	2.615	1.617	0.441	
11	坚韧不拔	408	160	19	1	3.658	2.591	1.610	0.440	
12	家庭和谐	416	142	27	3	3.651	2.576	1.605	0.440	
13	自我认知	406	157	25	0	3.648	2.568	1.602	0.439	B
14	创新能力	407	156	23	2	3.646	2.564	1.601	0.439	
15	人文素养	416	137	33	2	3.645	2.560	1.600	0.439	
16	时间管理能力	406	154	26	2	3.639	2.548	1.596	0.439	
17	冷静	403	156	27	2	3.633	2.533	1.592	0.438	
18	公关能力	398	157	29	4	3.614	2.491	1.578	0.437	
19	逻辑思维能力	392	163	31	2	3.607	2.476	1.573	0.436	
20	出版敏感度	365	168	47	8	3.514	2.277	1.509	0.430	C
21	文学素养与文字功底	365	166	50	7	3.512	2.274	1.508	0.429	

表1-35　发行岗位自我取向胜任素质重要程度统计表（中层管理人员问卷）

序号	素质项目	重要程度频数 4	重要程度频数 3	重要程度频数 2	重要程度频数 1	重要程度频数平均值	重要程度频数方差	重要程度频数标准差	重要程度频数变异系数	重要程度分区
1	细心专注	120	24	5	0	3.772	2.868	1.693	0.449	A
2	经验积累	118	27	4	0	3.765	2.850	1.688	0.448	A
3	正直诚实	117	26	6	0	3.745	2.800	1.673	0.447	A
4	严谨	117	26	6	0	3.745	2.800	1.673	0.447	A
5	主动性	109	35	5	0	3.698	2.685	1.639	0.443	B
6	分析判断能力	112	27	10	0	3.685	2.653	1.629	0.442	B
7	耐心	112	27	9	1	3.678	2.637	1.624	0.442	B
8	虚心	106	35	8	0	3.658	2.590	1.609	0.440	B
9	家庭和谐	111	26	11	1	3.658	2.590	1.609	0.440	B
10	创新能力	107	34	6	2	3.651	2.575	1.605	0.440	B
11	自我认知	107	33	8	1	3.651	2.575	1.605	0.440	B
12	身体素质	106	33	10	0	3.644	2.559	1.600	0.439	B
13	坚韧不拔	105	35	9	0	3.644	2.559	1.600	0.439	B
14	逻辑思维能力	105	33	10	1	3.624	2.514	1.585	0.437	B
15	公关能力	102	37	10	0	3.617	2.499	1.581	0.437	B
16	时间管理能力	101	36	12	0	3.597	2.454	1.567	0.435	C
17	情绪调节能力	103	32	13	1	3.591	2.439	1.562	0.435	C
18	冷静	102	30	16	1	3.564	2.382	1.543	0.433	C
19	人文素养	95	42	11	1	3.550	2.353	1.534	0.432	C
20	出版敏感度	94	37	15	3	3.490	2.230	1.493	0.428	D
21	文学素养与文字功底	96	33	17	1	3.477	2.204	1.484	0.427	D

表1-36 发行岗位自我取向胜任素质重要程度统计表（公司领导问卷）

序号	素质项目	重要程度频数 4	3	2	1	重要程度频数平均值	重要程度频数方差	重要程度频数标准差	重要程度频数变异系数	重要程度分区
1	正直诚实	101	18	1	0	3.833	3.028	1.740	0.454	A
2	分析判断能力	100	19	1	0	3.825	3.006	1.734	0.453	
3	公关能力	100	18	2	0	3.817	2.984	1.727	0.453	
4	细心专注	98	20	2	0	3.800	2.940	1.715	0.451	
5	主动性	98	20	2	0	3.800	2.940	1.715	0.451	
6	严谨	95	24	1	0	3.783	2.897	1.702	0.450	
7	自我认知	95	23	2	0	3.775	2.876	1.696	0.449	
8	经验积累	95	22	3	0	3.767	2.854	1.690	0.449	
9	情绪调节能力	92	27	1	0	3.758	2.833	1.683	0.448	
10	冷静	94	22	4	0	3.750	2.813	1.677	0.447	
11	时间管理能力	94	21	5	0	3.742	2.792	1.671	0.447	
12	耐心	91	27	2	0	3.742	2.792	1.671	0.447	
13	坚韧不拔	91	27	2	0	3.742	2.792	1.671	0.447	
14	创新能力	92	25	3	0	3.742	2.792	1.671	0.447	
15	虚心	92	24	4	0	3.733	2.771	1.665	0.446	
16	身体素质	90	27	3	0	3.725	2.751	1.659	0.445	
17	家庭和谐	91	25	4	0	3.725	2.751	1.659	0.445	
18	逻辑思维能力	84	33	3	0	3.675	2.631	1.622	0.441	B
19	人文素养	85	28	7	0	3.650	2.573	1.604	0.439	
20	出版敏感度	84	30	5	1	3.642	2.553	1.598	0.439	
21	文学素养与文字功底	81	31	8	0	3.608	2.478	1.574	0.436	

由于三组样本数量差距太大，我们根据三组问卷胜任素质重要程度的分区情况，决定最终重要程度等级（见表1-37）。

表1-37　发行岗位自我取向胜任素质重要程度等级

序号	胜任素质项目	总体问卷重要程度分区	基层员工问卷重要程度分区	中层管理人员问卷重要程度分区	公司领导问卷重要程度分区	最终重要程度等级
1	细心专注	A	A	A	A	核心胜任素质
2	正直诚实	A	A	A	A	核心胜任素质
3	严谨	A	A	A	A	核心胜任素质
4	经验积累	A	A	A	A	核心胜任素质
5	主动性	A	A	B	A	核心胜任素质
6	耐心	A	A	B	A	核心胜任素质
7	虚心	B	B	B	A	重要胜任素质
8	身体素质	B	B	B	A	重要胜任素质
9	分析判断能力	A	B	B	A	重要胜任素质
10	坚韧不拔	B	B	B	A	重要胜任素质
11	自我认知	B	B	B	A	重要胜任素质
12	家庭和谐	B	B	B	A	重要胜任素质
13	创新能力	B	B	B	A	重要胜任素质
14	情绪调节能力	B	B	C	A	重要胜任素质
15	时间管理能力	B	B	C	A	重要胜任素质
16	公关能力	B	B	B	A	重要胜任素质
17	冷静	B	B	C	A	重要胜任素质
18	逻辑思维能力	B	B	B	B	重要胜任素质
19	人文素养	B	B	C	B	重要胜任素质

续表

序号	胜任素质项目	总体问卷重要程度分区	基层员工问卷重要程度分区	中层管理人员问卷重要程度分区	公司领导问卷重要程度分区	最终重要程度等级
20	出版敏感度	C	C	D	B	次要胜任素质
21	文学素养与文字功底	C	C	D	B	次要胜任素质

5. 人际取向胜任素质问卷统计分析

对所有回收问卷中的人际取向胜任素质项进行重要程度累加统计，求得重要程度频数平均值后，由高到低排列分区（见表1-38）。

表1-38　发行岗位人际取向胜任素质重要程度统计表（总体情况）

序号	素质项目	重要程度频数 4	重要程度频数 3	重要程度频数 2	重要程度频数 1	重要程度频数平均值	重要程度频数方差	重要程度频数标准差	重要程度频数变异系数	重要程度分区
1	团队合作	677	158	23	2	3.769	2.860	1.691	0.449	A
2	全局观	663	171	25	1	3.753	2.819	1.679	0.447	A
3	沟通协调能力	647	190	23	0	3.739	2.784	1.669	0.446	A
4	积累和利用人脉	639	194	25	2	3.722	2.744	1.656	0.445	A
5	人际交往能力	626	203	29	2	3.702	2.696	1.642	0.443	A
6	组织文化内化	544	253	55	8	3.562	2.379	1.542	0.433	C

为进一步分析在岗发行人员与相关领导对人际取向胜任素质重要程度认识的相关性，将回收问卷按照基层员工、中层管理人员和

公司领导分组统计，同样以重要程度累加统计，求得重要程度频数平均值后，由高到低排列分区（见表1-39、表1-40、表1-41）。

表1-39　发行岗位人际取向胜任素质重要程度统计表（基层员工问卷）

序号	素质项目	重要程度频数 4	3	2	1	重要程度频数平均值	重要程度频数方差	重要程度频数标准差	重要程度频数变异系数	重要程度分区
1	全局观	104	15	1	0	3.858	3.095	1.759	0.456	A
2	团队合作	103	16	1	0	3.850	3.073	1.753	0.455	A
3	沟通协调能力	101	18	1	0	3.833	3.028	1.740	0.454	A
4	积累和利用人脉	93	26	1	0	3.767	2.854	1.690	0.449	A
5	人际交往能力	90	28	2	0	3.733	2.771	1.665	0.446	A
6	组织文化内化	83	33	4	0	3.658	2.592	1.610	0.440	B

表1-40　发行岗位人际取向胜任素质重要程度统计表（中层管理人员问卷）

序号	素质项目	重要程度频数 4	3	2	1	重要程度频数平均值	重要程度频数方差	重要程度频数标准差	重要程度频数变异系数	重要程度分区
1	全局观	120	23	6	0	3.765	2.850	1.688	0.448	A
2	团队合作	121	19	9	0	3.752	2.817	1.678	0.447	A
3	沟通协调能力	117	21	11	0	3.711	2.718	1.648	0.444	A
4	积累和利用人脉	115	24	9	1	3.698	2.685	1.639	0.443	B
5	人际交往能力	116	20	12	1	3.685	2.653	1.629	0.442	B
6	组织文化内化	92	40	15	2	3.490	2.230	1.493	0.428	D

表 1-41　发行岗位人际取向胜任素质重要程度统计表（公司领导问卷）

序号	素质项目	重要程度频数 4	3	2	1	重要程度频数平均值	重要程度频数方差	重要程度频数标准差	重要程度频数变异系数	重要程度分区
1	全局观	104	15	1	0	3.858	3.095	1.759	0.456	A
2	团队合作	103	16	1	0	3.850	3.073	1.753	0.455	
3	沟通协调能力	101	18	1	0	3.833	3.028	1.740	0.454	
4	积累和利用人脉	93	26	1	0	3.767	2.854	1.690	0.449	
5	人际交往能力	90	28	2	0	3.733	2.771	1.665	0.446	
6	组织文化内化	83	33	4	0	3.658	2.592	1.610	0.440	B

由于三组样本数量差距太大，我们根据三组问卷胜任素质重要程度的分区情况，决定最终重要程度等级（见表 1-42）。

表 1-42　发行岗位人际取向胜任素质重要程度等级

序号	胜任素质项目	总体问卷重要程度分区	基层员工问卷重要程度分区	中层管理人员问卷重要程度分区	公司领导问卷重要程度分区	最终重要程度等级
1	团队合作	A	A	A	A	核心胜任素质
2	全局观	A	A	A	A	
3	沟通协调能力	A	A	A	A	
4	积累和利用人脉	A	A	B	A	重要胜任素质
5	人际交往能力	A	A	B	A	
6	组织文化内化	C	B	D	B	

6. 价值取向胜任素质问卷统计分析

对所有回收问卷中的价值取向胜任素质项进行重要程度累加统计，求得重要程度频数平均值后，由高到低排列分区（见表 1-43）。

表 1-43　发行岗位价值取向胜任素质重要程度统计表（总体情况）

序号	素质项目	重要程度频数 4	3	2	1	重要程度频数平均值	重要程度频数方差	重要程度频数标准差	重要程度频数变异系数	重要程度分区
1	人文情怀	503	277	448	7	4.371	4.751	2.180	0.499	A
2	职业责任感和使命感	630	222	203	0	4.191	4.111	2.027	0.484	A
3	获取稳定较高收入	592	226	32	7	3.637	2.543	1.595	0.438	B
4	实现创新梦想	573	232	46	6	3.601	2.462	1.569	0.436	B
5	职业成就感	545	249	60	3	3.559	2.371	1.540	0.433	C
6	职业安全感和稳定感	550	248	47	12	3.559	2.371	1.540	0.433	C
7	挑战自我	354	188	150	165	2.853	1.375	1.172	0.411	F

为进一步分析在岗发行人员与相关领导对价值取向胜任素质重要程度认识的相关性，将回收的问卷按照基层员工、中层管理人员、公司领导分组统计，同样以重要程度累加统计，求得重要程度频数平均值后，由高到低排列分区（见表 1-44、表 1-45、表 1-46）。

表1-44 发行岗位价值取向胜任素质重要程度统计表（基层员工问卷）

序号	素质项目	重要程度频数 4	重要程度频数 3	重要程度频数 2	重要程度频数 1	重要程度频数平均值	重要程度频数方差	重要程度频数标准差	重要程度频数变异系数	重要程度分区
1	实现创新梦想	338	203	425	0	4.781	6.451	2.540	0.531	A
2	职业责任感和使命感	419	174	193	0	4.395	4.839	2.200	0.501	A
3	获取稳定较高收入	401	170	12	5	3.645	2.560	1.600	0.439	B
4	职业安全感和稳定感	384	174	26	4	3.595	2.450	1.565	0.435	C
5	职业成就感	371	182	30	5	3.563	2.380	1.543	0.433	C
6	人文情怀	367	183	37	1	3.558	2.369	1.539	0.433	C
7	挑战自我	345	184	50	9	3.471	2.193	1.481	0.427	D

表1-45 发行岗位价值取向胜任素质重要程度统计表（中层管理人员问卷）

序号	素质项目	重要程度频数 4	重要程度频数 3	重要程度频数 2	重要程度频数 1	重要程度频数平均值	重要程度频数方差	重要程度频数标准差	重要程度频数变异系数	重要程度分区
1	职业责任感和使命感	112	28	9	0	3.691	2.669	1.634	0.443	B
2	获取稳定较高收入	108	28	11	2	3.624	2.514	1.585	0.437	B
3	职业安全感和稳定感	100	33	14	2	3.550	2.353	1.534	0.432	C
4	人文情怀	95	36	16	2	3.503	2.257	1.502	0.429	C

续表

序号	素质项目	重要程度频数 4	3	2	1	重要程度频数平均值	重要程度频数方差	重要程度频数标准差	重要程度频数变异系数	重要程度分区
5	职业成就感	95	35	13	6	3.470	2.191	1.480	0.427	D
6	挑战自我	84	46	15	4	3.409	2.077	1.441	0.423	D
7	实现创新梦想	86	41	16	6	3.389	2.041	1.429	0.421	E

表1-46 发行岗位价值取向胜任素质重要程度统计表（公司领导问卷）

序号	素质项目	重要程度频数 4	3	2	1	重要程度频数平均值	重要程度频数方差	重要程度频数标准差	重要程度频数变异系数	重要程度分区
1	职业责任感和使命感	99	20	1	0	3.817	2.984	1.727	0.453	A
2	职业安全感和稳定感	89	25	6	0	3.692	2.670	1.634	0.443	A
3	职业成就感	84	31	4	1	3.650	2.573	1.604	0.439	B
4	人文情怀	83	30	7	0	3.633	2.534	1.592	0.438	B
5	获取稳定较高收入	83	28	9	0	3.617	2.497	1.580	0.437	B
6	实现创新梦想	79	33	7	1	3.583	2.424	1.557	0.434	C
7	挑战自我	77	31	10	2	3.525	2.301	1.517	0.430	C

由于三组样本数量差距太大，我们根据三组问卷胜任素质重要程度的分区情况，决定最终重要程度等级（见表1-47）。

表1-47　发行岗位价值取向胜任素质重要程度等级

序号	胜任素质项目	总体问卷重要程度分区	基层员工问卷重要程度分区	中层管理人员问卷重要程度分区	公司领导问卷重要程度分区	最终重要程度等级
1	职业责任感和使命感	A	A	B	A	核心胜任素质
2	获取稳定较高收入	B	B	B	B	重要胜任素质
3	职业安全感和稳定感	C	C	C	B	重要胜任素质
4	职业成就感	C	C	D	B	次要胜任素质
5	人文情怀	A	C	C	B	次要胜任素质
6	实现创新梦想	B	A	E	C	一般胜任素质
7	挑战自我	F	D	D	C	一般胜任素质

三、发行岗位胜任素质模型的确立

在问卷分析的基础上，课题组在集团所属省新华书店、市级新华书店子公司和各出版社发行部各选择5名在岗发行人员、2名社领导或部门领导，共计120人进行行为事件访谈。访谈在岗发行人员，请他们回忆过去半年时间内，在出版社工作中感到最有成就感及挫折感的关键行为事件，通过情境的描述再现采取的行为及结果，使其通过回忆来陈述完整行为事件。将每段访谈进行整理后,提出关键词编码,通过分析来验证上述素质模型的关键行为指标。

根据整理出的四个取向维度的各项胜任素质的重要程度和行为描述,深入访谈社领导或部门领导,进一步验证问卷调查的分析结果,确立胜任素质模型(见表1-48)。

表1-48 发行岗位胜任素质模型

取向维度	核心胜任素质	重要胜任素质	次要胜任素质	一般胜任素质
工作取向	沟通协调能力;忠诚;踏实认真;行动力;客户服务;学习能力;表达能力;自信;客户导向	掌握市场导向;感召力;策划和组织能力	知识面;前沿追踪	/
自我取向	细心专注;正直诚实;严谨;经验积累;主动性;耐心	虚心;身体素质;分析判断能力;坚韧不拔;自我认知;家庭和谐;创新能力;情绪调节能力;时间管理能力;公关能力;冷静;逻辑思维能力;人文素养	出版敏感度;文学素养与文字功底	/
人际取向	团队合作;全局观;沟通协调能力;积累和利用人脉	人际交往能力;组织文化内化	/	/
价值取向	职业责任感和使命感	获取稳定较高收入;职业安全感和稳定感	职业成就感;人文情怀	实现创新梦想;挑战自我

第二章
出版人才基本业务能力模型

基本能力模型是冰山模型中显露出来的部分，需要在充分研究岗位工作需求的基础上建构。作为组织的基本单位，岗位具体承担着组织使命的落实。陕西新华出版传媒集团是大型国有出版发行传媒集团公司，下属8家出版社，1家省新华书店子公司，9家市新华书店子公司，以及文化发展和印刷物资公司，同时还有2家参股公司。根据集团战略使命，各子公司已经形成了较为成熟的组织结构。鉴于集团公司以出版发行为主业，我们将从出版发行企业的岗位设置和职责分析入手，建构编校和发行人才的能力模型。

第一节 编校人才基本业务能力模型建构

编校人员主要承担出版社出版物产品的内容生产任务，是出版企业的基本人才队伍。集团所属出版社的编校人才包括策划编辑、文案编辑、美术编辑、数字编辑和校对编辑五类，其中策划编辑、文案编辑和校对编辑不但从业人数多，对出版社发展也至关重要，是编校人才基本业务能力模型建构的关键。

一、集团出版社岗位体系规划

集团所属各出版社均采用直线职能制组织结构，即在社委会之下，设置一定的专业性职能管理机构，作为同级领导者在某一专业管理范围内研究和处理问题的参谋和助手，在专业范围内对下级机构进行业务指导，直接的领导和管理工作仍由上级领导者自己承担。这种组织结构既可以保证领导人对下级机构的统一指挥，又使管理工作较细、职责分明，易于发挥专业管理职能机构的作用，能较深入和有效地研究经营管理中的某些重大问题（见图2-1）。①

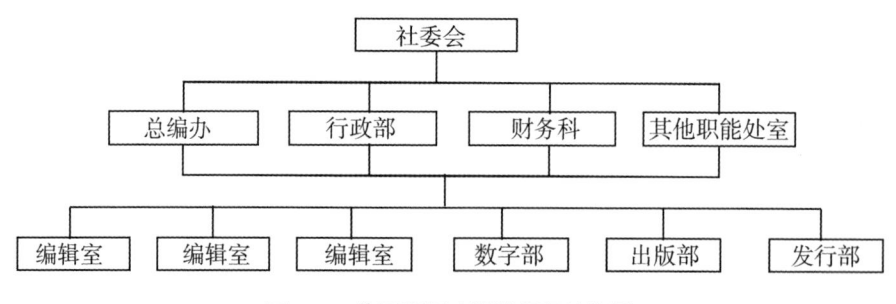

图2-1　集团所属出版社组织结构图

根据这种组织结构，按照职位工作性质及任职资格要求的相似性，我们可以将集团所属各出版社的岗位设置划分为管理序列、职能序列、编辑序列、运营序列和技术序列。

---

① 王耀先. 出版社的经营管理 [M]. 沈阳：辽宁教育出版社，1996:69.

（1）管理序列

包括对出版社经营管理的高效运行和各项经营管理决策的正确性承担直接责任，通过日常管理对出版社产生价值的岗位，包括各部门的部门助理及以上岗位。根据序列内的差别，管理序列分为适用于职能、运营、技术管理岗的管理子序列和适用于编辑管理岗的管理子序列。

（2）职能序列

包括运用相关知识从事某方面职能管理工作，不具备或不完全具备独立管理职责权限的岗位，主要承担执行、辅助、支持等职能管理方面工作，如文秘岗、会计岗、编务岗、库房管理岗等。

（3）编辑序列

主要承担出版社图书、杂志、网络、电子及音像产品内容相关的工作，包括运用相关知识从事策划、文案、校对、设计等工作的岗位。根据序列内的差别，编辑序列分为策划编辑子序列、文案编辑子序列、美术编辑子序列、数字编辑子序列、校对编辑子序列。

（4）运营序列

包括从事销售或市场开拓等工作，对出版社相关产品的认知度、忠诚度、美誉度以及市场占有率承担直接责任的相关岗位。根据序列内的差别，运营序列分为销售子序列、产品管理子序列、项目策划子序列等。

（5）技术序列

包括负责出版社网络及电子产品的软件开发、软件测试、应用等技术类岗位，如软件开发工程师、测试工程师等。

必须注意的是，各个岗位员工的专业任职能力提升是有阶段性的，必须通过序列职级的划分区别不同的阶段。根据各序列专业纵深的区别，依据业已存在的专业技术制度，我们可以建立起集团所属出版社的职级序列体系（见表2-1、表2-2）。

表2-1　集团所属出版社职级序列体系
（管理序列、职能离列、运营序列和技术序列）

管理序列		职能序列	运营序列			技术序列
管理子序列A	管理子序列B		产品管理子序列	项目策划子序列	销售子序列	
社长	总编辑	资深专员	高级产品经理	高级项目策划人	高级销售经理	资深工程师
副社长	副总编辑	高级专员	产品主管	项目策划主管	销售经理	高级工程师
科长	科长/室主任	专员	产品经理	项目策划经理	销售主管	中级工程师
副科长	副科长/副主任	初级专员	助理产品管理员	助理项目管理员	销售员	初级工程师

表 2-2　集团所属出版社职级序列体系（编辑序列）

策划编辑 子序列	文案编辑 子序列	美术编辑 子序列	数字编辑 子序列	校对编辑 子序列
首席策划编辑	首席文案编辑	首席美术编辑	首席数字出版物编辑	首席校对编辑
高级策划编辑	高级文案编辑	高级美术编辑	高级数字出版物编辑	高级校对编辑
中级策划编辑	中级文案编辑	中级美术编辑	中级数字出版物编辑	中级校对编辑
初级策划编辑	初级文案编辑	初级美术编辑	初级数字出版物编辑	初级校对编辑
助理策划编辑	助理文案编辑	助理美术编辑	助理数字出版物编辑	助理校对编辑

二、出版社编辑序列岗位职责与能力要素

岗位是任职者从事工作任务及活动的组合，隶属于组织，是最基本的组织单位，承担着组织使命的落实。岗位不是一成不变的，组织结构发生变化时，岗位的工作内容自然发生变化，但其变化并不否认其明确性和固定性。编辑序列是集团所属出版社人力资源体系的基础，管理序列各级干部、运营系列骨干的选拔，均来自这个序列。鉴于此，我们对编辑序列职级进行了角色定义，进一步分析其能力要求。

岗位的设置是为了实现组织战略目标而服务的，因此职位在外部必须要有输出结果，在内部必须要有工作职责。因此，集团各出版

社编辑序列任职资格标准包括基本任职条件、必备知识技能、核心能力素质三个方面。

1. 基本任职条件

满足岗位工作需要的最基本的资格条件，包括教育背景、专业经验、前一职级经验、资格证书（职称）、培训及业绩表现等。基本任职条件既要反映出版社的现状，又能体现未来的发展需要，宽严适中。基本任职条件包括门槛条件和参考加分项条件（见表2-3）。

表 2-3　编辑序列基本任职条件

评价指标	说　　明	计分方法	适用子序列				
			策划编辑	文案编辑	美术编辑	数字编辑	校对编辑
学历	国民教育序列最高学历	是否符合申请职级要求	★	★	★	★	★
专业	国家规定的专业分类标准	是否符合申请职级要求	★	★	★	★	★
专业经验	从事本岗位或本行业相关工作年限	是否符合申请职级要求	★	★	★	★	★
资质证书	出版专业技术人员职业资格证书	是否符合申请职级要求	★	★	★	★	★
前一职级经验	晋升下一职级必须具备的前一职级最低年限	是否符合申请职级要求	★	★	★	★	★
培训	累计接受出版继续教育培训学时	是否符合申请职级要求	★	★	★	★	★

续表

评价指标	说　明	计分方法	策划编辑	文案编辑	美术编辑	数字编辑	校对编辑
业绩表现	最近两年绩效考核结果	是否符合申请职级要求	★	★	★	★	★
项目经验	从事本岗位相关项目经验	是否符合申请职级要求	★	★	★	★	★
选题数量	每年策划选题数	是否符合申请职级要求	★	☆	☆	☆	☆
审稿数量	每年审稿字数	是否符合申请职级要求	☆	★	☆	★	☆
校对字数	每年校对书稿字数	是否符合申请职级要求	☆	☆	☆	☆	★
个人利润	每年个人创造利润	是否符合申请职级要求	★	☆	☆	☆	☆
设计图书品种数	每年进行整体设计的图书品种	是否符合申请职级要求	☆	☆	★	☆	☆

注："★"为门槛计分，"☆"为参考加分。

2. 必备知识技能

必备知识技能指出版企业员工胜任岗位工作应该掌握的知识技能（见表2-4）。

表 2-4　编辑序列必备知识技能

类　别	级别	细　分	知识点
通用基础知识	行业	行业概况	企业所在行业及行业特征的基本知识
	企业	企业概况	企业发展历程、企业性质、隶属关系、经营范围、产品种类、战略目标和基本任务等相关知识
		企业文化	企业精神、管理理念、质量理念、市场理念、团队意识、人才观念等相关知识
		组织结构	企业的组织架构，各部门主要职责
		规章制度	企业的劳动纪律、培训、人才选拔、费用报销、安全和保密等相关制度
		岗位职责	岗位的职责要求、任职资格、上下级关系、工作规范、绩效考核规定等相关知识
岗位专业知识	岗位	专业知识	与胜任岗位工作相关的专业知识
通用专业技能	企业	办公设备及软件	打印机、复印机、传真机、电脑等设备使用的熟练度，对办公软件 Word、Excel、PowerPoint，以及对 OA 系统等使用的熟练度
		公文写作	公文内容及写作等技能掌握的熟练度
岗位技能	岗位	岗位技能	对胜任岗位所必须的岗位技能掌握的熟练度

3. 核心能力素质

核心能力素质是将编校工作中成就卓越与成就一般的编辑序列员工区别开来的深层特征，影响着个体对事物的判断和行动方式，是影响和决定编辑人员长期业绩表现的更为重要的因素（见表 2-5）。

表 2-5　编辑序列核心能力素质

类　别	说　明
通用素质	基于集团文化氛围需要，每一位员工必须具备的能力素质
管理素质	选拔编辑序列管理岗位，转为出版社运营序列管理岗位必备的能力素质
序列素质	编辑序列必备的能力素质，各岗位不同职级的重要程度与精通程度不同

在人力资源开发管理中，上述三方面标准的优先程度是不同的。首先需要确认的是基本任职资格，包括专业经验、前一职级经验、资格证书、培训及业绩表现。其次是核心能力素质，即个人的能力素质与岗位要求的匹配程度。最后是知识技能，知识技能只是整个任职资格标准中次要的因素，因为知识是可以通过培训学习强化提升的。

三、策划编辑基本业务能力模型设计

在出版融合发展的大背景下，策划编辑在集团所属各出版社中的地位和作用越来越重要。我们从级别定义入手，系统分析该子序列岗位的核心能力素质。

1. 级别角色定义

根据集团所属出版社岗位设置和一般要求，我们对策划编辑序列 1~5 级（助理策划编辑、初级策划编辑、中级策划编辑、高级策

划编辑、首席策划编辑)进行了角色定义,各层次要求具体内容如表 2-6 所示。

表 2-6 策划编辑子序列各岗位职级角色定义

职级名称	角色定义
首席策划编辑	出版社内本专业公认的专家,在行业内比较有名气,能够对出版社内本专业的发展方向产生重大影响,能够协调、调配出版社内外部资源,并对其他人员有业务指导、培养的能力和义务
高级策划编辑	精通本领域专业知识,对其他相关领域知识有一定的认识,具备敏锐的市场眼光和较强的策划能力,主持本领域重点项目的策划与开发,组织开展重大出版项目的实施
中级策划编辑	熟练掌握本领域专业知识,能够独立完成工作,能够协助上级完成重点项目中关键流程或节点工作
初级策划编辑	基本掌握本领域专业知识,基本了解工作方法,能够在上级的指导下开展某一模块的工作,能够参与部分项目的辅助工作
助理策划编辑	一般指新入职员工,刚从事本专业工作,对本专业知识及工作方法需要进行学习

2. 基本任职条件

基本任职条件,包含但不限于教育背景、专业经验、前一职级经验、资格证书(职称)、培训及工作表现等。具体内容如表 2-7 所示。

表 2-7　策划编辑基本任职条件

职级名称	基本任职条件							
	学历	专业	专业经验	上一职级经验	职称	资格证书	培训	业绩表现
首席策划编辑	硕士	相关专业	12	10	编审	出版专业技术人员职业资格证书	培训计划完成率100%	绩效考核优秀
	本科	相关专业	15	10	编审	出版专业技术人员职业资格证书	培训计划完成率100%	绩效考核优秀
高级策划编辑	硕士	相关专业	8	5	副编审	出版专业技术人员职业资格证书	培训计划完成率100%	绩效考核优秀
	本科	相关专业	10	5	副编审	出版专业技术人员职业资格证书	培训计划完成率100%	绩效考核优秀
中级策划编辑	硕士	相关专业	3	3	编辑	出版专业技术人员职业资格证书	培训计划完成率100%	绩效考核良好
	本科	相关专业	5	3	副编审	出版专业技术人员职业资格证书	培训计划完成率100%	绩效考核良好
初级策划编辑	硕士	相关专业	1	1	编辑	出版专业技术人员职业资格证书	培训计划完成率100%	绩效考核合格
	本科	相关专业	2	1	编辑	出版专业技术人员职业资格证书	培训计划完成率100%	绩效考核合格
助理策划编辑	硕士	相关专业	0	0	/	/	/	/
	本科	相关专业	0	0	/	/	/	/

注：专业经验和上一职级经验单位均为年。

3. 知识技能标准和要求

策划编辑的知识维度指对本专业内各子专业知识的掌握程度，包括市场营销知识、图书编辑知识、图书设计知识、审稿校对等。策划编辑的技能维度指对本专业内技能的掌握程度，主要包括市场调研与分析、策划、公关及项目管理技能。各层级对专业知识掌握的广度和深度要求，以及技能掌握的程度要求都有差别。具体内容如表 2-8、表 2-9 所示。

表 2-8　策划编辑知识技能任职标准

维度	等级	评价标准
知识	五	精通本专业各方面的知识，对其他方面知识有较深认识
	四	精通多方面的知识，对其他方面知识比较熟悉
	三	精通一种及以上的专业知识，对其他方面有一定了解
	二	熟悉某方面的专业知识，但不够精通
	一	专业知识和方法比较欠缺，或只是书本知识的掌握，缺乏实践经验
技能	五	极高的能力水平，属于专家型人才，能够主持出版社层面制度、体系的建立工作；并能创新性地解决此领域最复杂和困难的问题；对相关职能或新技术、技术趋势有着深入广泛的了解，并能指导自身工作
	四	很高的专业技能，能熟练运用相关技能解决非常复杂的问题，向他人就知识、技能问题提供指导、培训；对相关职能趋势或新技术、技术趋势有着一定的了解
	三	较高的能力水平，能够独立地开展工作，并能解决部分困难问题，可以向他人传授一些知识和提供技能指导，对相关职能趋势或者新技术、新趋势关注并了解
	二	基本掌握相关技能，能够独立工作，并解决简单或明确的问题
	一	入门阶段，需要在他人的帮助下进行工作，并学习相关领域的技能

表 2-9　策划编辑知识技能任职要求

职级名称	专业知识	专业技能			
		市场分析	策划	公关	项目管理
首席策划编辑	五级	四级以上	四级以上	四级以上	四级以上
高级策划编辑	四级以上	三级以上	三级以上	三级以上	三级以上
中级策划编辑	三级以上	三级以上	三级以上	三级以上	三级以上
初级策划编辑	二级以上	二级以上	二级以上	二级以上	二级以上
助理策划编辑	一级以上	一级以上	一级以上	一级以上	一级以上

四、文案编辑基本业务能力模型设计

文案编辑是出版社最基本的编辑力量，策划编辑、运营序列骨干人才也多从其中选拔，其角色定义、任职条件和知识技能标准要求在出版人力资源管理中有着重要的作用。

1. 级别角色定义

根据集团所属出版社岗位设置和一般要求，我们对文案编辑序列 1~5 级（助理文案编辑、初级文案编辑、中级文案编辑、高级文案编辑、首席文案编辑）进行了角色定义，各层次要求具体内容如表 2-10 所示。

表 2-10　文案编辑子序列各岗位职级角色定义

职级名称	角色定义
首席文案编辑	出版社内本专业公认的专家，在行业内比较有名气，能够组织协调出版社内外部学术资源，处理重大选题书稿的审读和编辑加工工作，并对其他人员有业务指导、培养的能力和义务

续表

职级名称	角色定义
高级文案编辑	精通本领域专业知识，对其他相关领域知识有一定的认识，具备较强的审稿和编辑加工能力，主持本领域重点项目书稿的审读和编辑加工工作
中级文案编辑	熟练掌握本领域专业知识，能够独立完成工作，能够协助上级完成重点项目中关键流程或节点工作
初级文案编辑	基本掌握本领域专业知识，基本了解工作方法，能够在上级的指导下开展某一模块的文案编辑工作，能够参与部分项目的辅助工作
助理文案编辑	一般指新入职员工，刚从事本专业工作，对本专业知识及工作方法需要进行学习

2. 基本任职条件

基本任职条件，包含但不限于教育背景、专业经验、前一职级经验、资格证书（职称）、培训及工作表现等。具体内容如下表2-11所示。

表2-11 文案编辑基本任职条件

职级名称	基本任职条件							
	学历	专业	专业经验	上一职级经验	职称	资格证书	培训	业绩表现
首席文案编辑	硕士	相关专业	12	10	编审	出版专业技术人员职业资格证书	培训计划完成率100%	绩效考核优秀
	本科	相关专业	15	10	编审	出版专业技术人员职业资格证书	培训计划完成率100%	绩效考核优秀

续表

职级名称	基本任职条件							
	学历	专业	专业经验	上一职级经验	职称	资格证书	培训	业绩表现
高级文案编辑	硕士	相关专业	8	5	副编审	出版专业技术人员职业资格证书	培训计划完成率100%	绩效考核优秀
	本科	相关专业	10	5	副编审	出版专业技术人员职业资格证书	培训计划完成率100%	绩效考核优秀
中级文案编辑	硕士	相关专业	3	3	编辑	出版专业技术人员职业资格证书	培训计划完成率100%	绩效考核良好
	本科	相关专业	5	3	副编审	出版专业技术人员职业资格证书	培训计划完成率100%	绩效考核良好
初级文案编辑	硕士	相关专业	1	1	编辑	出版专业技术人员职业资格证书	培训计划完成率100%	绩效考核合格
	本科	相关专业	2	1	编辑	出版专业技术人员职业资格证书	培训计划完成率100%	绩效考核合格
助理文案编辑	硕士	相关专业	0	0	/	/	/	/
	本科	相关专业	0	0	/	/	/	/

注：专业经验和上一职级经验单位均为年。

3. 知识技能标准和要求

文案编辑的知识维度指除市场营销知识、图书编辑知识、图书设计知识、审稿校对知识外，至少精通一个学科的专业知识。文案编辑的技能维度指处理学科专业书稿的技能、语言文字技能，以及培训年轻编辑的能力。具体内容如表2-12、表2-13所示。

表 2-12　文案编辑知识技能任职标准

维度	等级	评价标准
知识	五	精通本专业各方面的知识，对其他方面知识有较深认识
知识	四	精通多方面的知识，对其他方面知识比较熟悉
知识	三	精通一种及以上的专业知识，对其他方面有一定了解
知识	二	熟悉某方面的专业知识
知识	一	专业知识和方法比较欠缺，或只是掌握书本知识，缺乏实践经验
技能	五	极高的专业能力，深厚的语言文字功底，属于专家型人才，能够主持出版社层面制度、体系的建立工作；并能创新性地解决审稿和编辑加工中最复杂和困难的问题
技能	四	很高的专业技能，扎实的语言文字功底，能熟练运用相关技能解决非常复杂的问题，向他人就知识、技能问题提供指导、培训；对相关职能趋势或新技术、技术趋势有着一定的了解
技能	三	较高的能力水平，一定的语言文字功底，能够独立地开展工作，并能解决部分困难问题，可以向他人传授一些知识和提供技能指导，对相关职能趋势或者新技术、新趋势关注并了解
技能	二	基本掌握相关专业技能和语言文字技能，能够独立工作，并解决简单或明确的问题
技能	一	入门阶段，需要在他人的帮助下进行工作，并学习相关领域的技能

表 2-13 文案编辑知识技能任职要求

职级名称	专业知识	专业技能			
		语言文字	审稿	编辑加工	项目管理
首席文案编辑	五级	四级以上	四级以上	四级以上	四级以上
高级文案编辑	四级以上	三级以上	三级以上	三级以上	三级以上
中级文案编辑	三级以上	三级以上	三级以上	三级以上	三级以上
初级文案编辑	二级以上	二级以上	二级以上	二级以上	二级以上
助理文案编辑	一级以上	一级以上	一级以上	一级以上	一级以上

五、校对编辑基本业务能力模型设计

校对工作是图书编辑工作中非常重要的环节，是图书出版编辑过程中必须经过的一道工序，对出版物质量保障起着关键的作用。设计规划校对编辑的基本业务能力模型，对校对编辑的招募、培养和管理具有重要的意义和作用。

1. 级别角色定义

根据集团所属出版社岗位设置和一般要求，我们对校对编辑序列 1~5 级（助理校对编辑、初级校对编辑、中级校对编辑、高级校对编辑、首席校对编辑）进行了角色定义，各层次要求具体内容如表 2-14 所示。

表 2-14　校对编辑子序列各岗位职级角色定义

职级名称	角色定义
首席校对编辑	出版社内本专业公认的校对专家，行业美誉度高，能够组织协调出版社内外部学术资源，处理重大选题书稿的校对和审读工作，并对其他人员有业务指导、培养的能力和义务
高级校对编辑	精通本领域专业知识，对其他相关领域知识有一定的认识，具备较强的校对能力，主持本领域重点项目书稿的审读和校对工作
中级校对编辑	熟练掌握本领域专业知识，能够独立完成校对和审读工作，能够协助上级完成重点项目中关键流程或节点工作
初级校对编辑	基本掌握本领域专业知识，基本了解工作方法，能够在上级的指导下开展某一模块的校对工作，能够参与部分项目的辅助工作
助理校对编辑	一般指新入职员工，刚从事本专业工作，对本专业知识及工作方法需要进行学习

2. 基本任职条件

基本任职条件，包含但不限于教育背景、专业经验、前一职级经验、资格证书（职称）、培训及工作表现等。具体内容如表 2-15 所示。

表 2-15 校对编辑基本任职条件

职级名称	基本任职条件							
	学历	专业	专业经验	上一职级经验	职称	资格证书	培训	业绩表现
首席校对编辑	硕士	相关专业	12	10	编审	出版专业技术人员职业资格证书	培训计划完成率100%	绩效考核优秀
	本科	相关专业	15	10	编审	出版专业技术人员职业资格证书	培训计划完成率100%	绩效考核优秀
高级校对编辑	硕士	相关专业	8	5	副编审	出版专业技术人员职业资格证书	培训计划完成率100%	绩效考核优秀
	本科	相关专业	10	5	副编审	出版专业技术人员职业资格证书	培训计划完成率100%	绩效考核优秀
中级校对编辑	硕士	相关专业	3	3	编辑	出版专业技术人员职业资格证书	培训计划完成率100%	绩效考核良好
	本科	相关专业	5	3	编辑	出版专业技术人员职业资格证书	培训计划完成率100%	绩效考核良好
初级校对编辑	硕士	相关专业	1	1	编辑	出版专业技术人员职业资格证书	培训计划完成率100%	绩效考核合格
	本科	相关专业	2	1	编辑	出版专业技术人员职业资格证书	培训计划完成率100%	绩效考核合格
助理校对编辑	硕士	相关专业	0	0	/	/	/	/
	本科	相关专业	0	0	/	/	/	/

注：专业经验和上一职级经验单位均为年。

3. 知识技能标准和要求

校对编辑的知识维度指校对专业知识、校对规范知识及学科专业知识的掌握程度。校对编辑的技能维度指处理书稿校样工作的能力，包括语言文字能力、解决审读校对复杂问题的能力。具体内容如表 2-16、表 2-17 所示。

表 2-16　校对编辑知识技能任职标准

维度	等级	评价标准
知识	五	精通本专业知识，对校对规范理解深刻，对其他方面知识有较深认识
	四	精通本专业知识，对其他方面知识比较熟悉，对校对规范理解较深刻
	三	掌握校对专业知识，对其他方面有一定了解
	二	熟悉校对专业知识
	一	专业知识和方法比较欠缺，或只是掌握书本知识，缺乏实践经验
技能	五	极高的校对专业能力，深厚的语言文字功底，属于专家型人才，能够主持出版社层面制度、体系的建立工作，并能创新性地解决审读和校对工作中最复杂和困难的问题
	四	很高的校对专业技能，扎实的语言文字功底，能熟练运用相关技能解决非常复杂的问题，向他人就知识、技能问题提供指导、培训，对校对和审读工作发展趋势有着一定的了解
	三	较高的能力水平，一定的语言文字功底，能够独立地开展校对工作，并能解决部分困难问题，可以向他人传授一些知识和提供技能指导
	二	基本掌握相关专业技能和语言文字技能，能够独立工作，并解决简单或明确的问题
	一	入门阶段，需要在他人的帮助下进行工作，并学习相关领域的技能

表 2-17 校对编辑知识技能任职要求

职级名称	专业知识	专业技能			
		语言文字	校对技能	审读技能	指导培训
首席校对编辑	五级	四级以上	四级以上	四级以上	四级以上
高级校对编辑	四级以上	三级以上	三级以上	三级以上	三级以上
中级校对编辑	三级以上	三级以上	三级以上	三级以上	三级以上
初级校对编辑	二级以上	二级以上	二级以上	二级以上	二级以上
助理校对编辑	一级以上	一级以上	一级以上	一级以上	一级以上

第二节 发行人才基本业务能力模型建构

发行人员主要承担采供、仓储、营销和管理工作，是发行企业最基本的人才队伍。其中，采购人才和营销人才是主要的发行业务人才，对发行企业的发展至关重要，是发行人才能力模型建构的关键。

一、集团发行企业岗位体系规划

与出版社类似，集团所属发行企业大都采用直线职能制组织结构，即在以书店总经理领导下的店务会之下设置一定的专业性职能管理机构，作为同级领导者研究和处理问题的参谋和助手，直接的领导和管理仍由总经理领导下的店务会承担，确保管理工作较细、职责分明，易于发挥专业管理职能机构的作用，较深入和有效地研究经营管理中的某些重大问题（见图 2-2）。

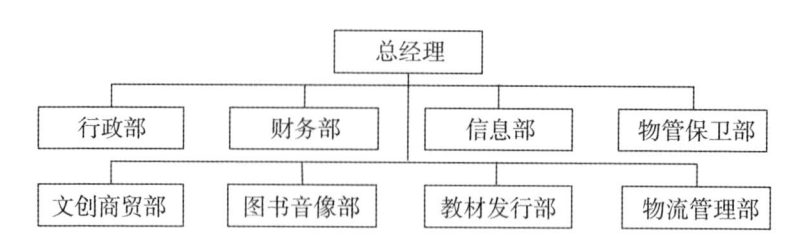

```
              总经理
    ┌────┬────┼────┬────┐
  行政部 财务部 信息部 物管保卫部
  文创商贸部 图书音像部 教材发行部 物流管理部
```

图 2-2　集团所属发行企业组织结构图

根据这种组织结构，按照职位工作性质及工作职责的差异，我们可以将集团所属各新华书店子公司的岗位划分为一般管理类、专业技术类、采购类、营销类、事务类。

(1) 管理序列

指对发行企业经营管理决策和运行承担直接责任，通过日常管理使企业产生价值的岗位，包括总经理、副总经理、经营部门(子公司)经理、管理部门部长等。

(2) 专业技术序列

指承担专业技术领域的具体工作，以独立完成权限内的专业技术任务为主要工作内容的岗位，包括财务、信息技术主管及员工等。

(3) 采购序列

指直接从事采购、货源组织的岗位，包括采购业务主管、采购业务员等。

(4) 营销序列

指直接从事销售业务、渠道维护的岗位，包括销售业务主管、业务员、楼面主管、营业员等。

(5) 事务序列

指具体承办收发货、行政或后勤等辅助性工作，以服务质量和劳动数量为主要工作成果的岗位，包括收发货员、文秘、安全保卫员及后勤保障人员等。

各个岗位员工的专业任职能力提升是有阶段性的，必须通过序列职级的划分区别不同的阶段。根据各序列专业纵深的区别，依据业已存在的专业技术制度，我们可以建立起集团所属发行企业的职级序列体系（见表2-18）。

表2-18　集团所属发行企业职级序列体系

管理序列	专业技术序列		采购序列	营销序列	事务序列
	财务子序列	信息管理子序列			
总经理	总会计师	总信息师	采供部主任	营销部主任	资深专员
副总经理	副总会计师	信息科长	高级采购经理	营销部副主任	高级专员
经营部门经理	财务科长	信息副科长	采购主管	销售业务经理	专员
管理部门部长	财务副科长	信息工程师	采购经理	楼面主管	初级专员
经营部门副经理	财务专员	信息专员	采购管理员	营业员	/
管理部门副部长	助理财务专员	助理信息员	初级采购员	初级营业员	/

二、集团发行企业岗位职责与能力要素

岗位的设置服务于组织战略，在外部必须要有输出结果，在内部必须要有工作职责。因此，集团各发行企业任职资格标准包括基

本任职条件、必备知识技能、核心能力素质三个方面。

1. 基本任职条件

满足岗位工作需要的最基本的资格条件，包括教育背景、专业经验、前一职级经验、资格证书（职称）、培训及业绩表现等。基本任职条件既要反映发行企业的现状，又能体现未来的发展需要，宽严适中。基本任职条件包括门槛条件、参考加分项条件。具体如表2-19所示。

表2-19　发行序列基本任职条件

评价指标	说明	计分方法	适用序列					
			管理	专业技术	采购	营销	事务
学历	国民教育序列最高学历	是否符合申请职级要求	★	★	★	★	★
专业	国家规定的专业分类标准	是否符合申请职级要求	★	★	★	★	☆
专业经验	从事本岗位或本行业相关工作年限	是否符合申请职级要求	★	★	★	★	★
资质证书	职业资格证书	是否符合申请职级要求	★	★	☆	☆	☆
前一职级经验	晋升下一职级必须具备的前一职级最低年限	是否符合申请职级要求	★	★	★	★	★
培训	累计接受专业继续教育培训学时	是否符合申请职级要求	★	★	★	★	☆
业绩表现	最近两年绩效考核结果	是否符合申请职级要求	★	★	★	★	★

注："★"为门槛计分，"☆"为参考加分。

2. 必备知识技能

采购和营销序列是发行企业主要业务岗位序列,既为管理序列输送人才,也是企业业务开展的基础,是发行企业的关键岗位序列。鉴于此,我们以这两个序列为基础,汇总分析调研结果,提出发行企业员工必备的知识技能(见表2-20)。

表 2-20 采购、营销序列必备知识技能

类别	级别	细分	知识点
通用基础知识	行业	行业概况	发行行业及行业特征的基本知识
	企业	企业概况	企业发展历程、企业性质、隶属关系、经营范围、产品种类、战略目标和基本任务等相关知识
		企业文化	企业精神、管理理念、质量理念、市场理念、团队意识、人才观念等相关知识
		组织结构	企业的组织架构,各部门主要职责
		规章制度	企业的劳动纪律、培训、人才选拔、费用报销、安全和保密等相关制度
		岗位职责	岗位的职责要求、任职资格、上下级关系、工作规范、绩效考核规定等相关知识
岗位专业知识	岗位	专业知识	与胜任岗位工作相关的专业知识
通用专业技能	企业	办公设备及软件	打印机、复印机、传真机、电脑等设备使用的熟练度,对办公软件 Word、Excel、PowerPoint,以及 OA 系统等使用的熟练度
		公文写作	公文内容及写作等技能掌握的熟练度
岗位技能	岗位	岗位技能	对胜任岗位所必需的岗位技能掌握的熟练度

3. 核心能力素质

核心能力素质是将发行工作中成就卓越与成就一般的发行序列员工区别开来的深层特征，影响着个体对事物的判断和行动方式，是影响和决定发行人员长期业绩表现的更为重要的因素。采购、营销序列核心能力素质如表 2-21 所示。

表 2-21　采购、营销序列核心能力素质

类 别	说 明
通用素质	基于集团文化氛围需要，每一位员工必须具备的能力素质
管理素质	选拔其他序列到管理岗位序列必备的能力素质
序列素质	各序列必备的能力素质，各岗位不同职级的重要程度与精通程度不同

在人力资源开发管理中，上述三方面标准的优先程度是不同的。首先需要确认的是基本任职资格，包括专业经验、前一职级经验、资格证书、培训及业绩表现。其次是核心能力素质，即个人的能力素质与岗位要求的匹配程度。最后是知识技能，知识技能只是整个任职资格标准中次要的因素，因为知识是可以通过培训学习强化提升的。

三、采购序列基本业务能力模型设计

采购岗位决定了发行企业进货的品种数量，是企业经营活动的基础和关键，在集团所属各发行企业中的地位和作用越来越重要。

我们从级别定义入手，系统分析该序列岗位的核心能力素质。

1. 级别角色定义

根据集团所属发行企业岗位设置和一般要求，我们对采购序列1~5级进行了角色定义，各层次要求具体内容如表2-22所示。

表2-22 采购序列各岗位职级角色定义

职级名称	角色定义
采供部主任	企业内公认的图书进货采购专家，在行业内比较有名气，能够对本企业的发展方向产生重大影响，能够协调、调配企业内外部资源，并对其他人员有业务指导、培养的能力和义务
高级采购经理	精通与本企业经营图书品种相关的专业知识，对其他相关领域知识有一定的认识，具备敏锐的市场眼光和较强的采购能力，组织开展重大采供项目的实施
采购主管	熟练掌握采供图书专业知识，能够独立完成工作，能够协助上级完成重点项目中关键流程或节点工作
采购经理	基本掌握本领域专业知识，基本了解工作方法，能够独立开展某一模块的工作，负责不同项目的采购组织工作
采购管理员	负责需求沟通，采购方案制订，初步制订采购预算并组织审定
初级采购员	一般指新入职员工，刚从事本专业工作，对本专业知识及工作方法需要进行指导

2. 基本任职条件

基本任职条件，包含但不限于教育背景、专业经验、前一职级经验、资格证书(职称)、培训及工作表现等。具体内容如表2-23所示。

表 2-23　采购序列各级岗位基本任职条件

职级名称	基本任职条件							
	学历	专业	专业经验	上一职级经验	职称	资格证书	培训	业绩表现
采供部主任	本科	相关专业	12	10	高级经济师	经济师职业资格证书	培训计划完成率100%	绩效考核优秀
高级采购经理	本科	相关专业	8	5	经济师	经济师职业资格证书	培训计划完成率100%	绩效考核优秀
采购主管	本科	相关专业	3	3	经济师	经济师职业资格证书	培训计划完成率100%	绩效考核良好
采购经理	本科	相关专业	2	2	经济师	经济师职业资格证书	培训计划完成率100%	绩效考核合格
采购管理员	本科	相关专业	1	1	助理经济师	助理经济师资格证	培训计划完成率100%	绩效考核合格
初级采购员	本科	相关专业	0	0	/	/	/	/

注：专业经验和上一职级经验单位均为年。

3. 知识技能标准和要求

采购序列岗位的知识维度包括市场营销知识、图书编辑知识、图书印制知识、财会知识等。采购序列岗位的技能维度指对本序列岗位范围内技能的掌握程度，主要包括市场调研与分析、客户管理、公关及项目管理技能。各层级对专业知识掌握的广度和深度要求，以及技能掌握的程度要求都有差别。具体内容如表 2-24、表 2-25 所示。

表 2-24　采购序列岗位知识技能任职标准

维度	等级	评价标准
知识	五	精通本专业各方面的知识，对其他方面知识有较深认识
	四	精通多方面的知识，对其他方面知识比较熟悉
	三	精通一种及以上的专业知识，对其他方面有一定了解
	二	熟悉某方面的专业知识，但不够精通
	一	专业知识和方法比较欠缺，或只是书本知识的掌握，缺乏实践经验
技能	五	极高的能力水平，属于专家型人才，能够主持企业层面采供制度、体系的建立工作；并能创新性地解决此领域最复杂和困难的问题；对相关职能或新技术、技术趋势有着深入广泛的了解，并能指导自身工作
	四	很高的专业技能，能熟练运用相关技能解决非常复杂的问题，向他人就知识、技能问题提供指导、培训；对相关职能趋势或新技术、技术趋势有着一定的了解
	三	较高的能力水平，能够独立地开展工作，并能解决部分困难问题，可以向他人传授一些知识和提供技能指导，对相关职能趋势或者新技术、新趋势关注并了解
	二	基本掌握相关技能，能够独立工作，并解决简单或明确的问题
	一	入门阶段，需要在他人的帮助下进行工作，并学习相关领域的技能

表 2-25　采购序列岗位知识技能任职要求

职级名称	专业知识	专业技能			
		市场调研与分析	客户管理	公关	项目管理
采供部主任	五级	四级以上	四级以上	四级以上	四级以上
高级采购经理	四级以上	三级以上	三级以上	三级以上	三级以上
采购主管	三级以上	三级以上	三级以上	三级以上	三级以上
采购经理	二级以上	二级以上	二级以上	二级以上	二级以上
采购管理员	一级以上	一级以上	一级以上	一级以上	一级以上
初级采购员	一级	一级	一级	一级	一级

四、营销序列基本业务能力模型设计

营销岗位是发行企业关键的业务岗位之一，决定了企业的销售业绩、品牌塑造和社会影响力，在集团所属各发行企业中的地位和作用越来越重要。我们从级别定义入手，系统分析该序列岗位的核心能力素质。

1. 级别角色定义

根据集团所属发行企业岗位设置和一般要求，我们对营销岗位序列 1~5 级进行了角色定义，各层次要求具体内容如表 2-26 所示。

表 2-26　营销序列各岗位职级角色定义

职级名称	角色定义
营销部主任	企业内公认的图书营销专家，在行业内比较有名气，能够对本企业的发展方向产生重大影响，能够协调、调配企业内外部资源，并对其他人员有业务指导、培养的能力和义务
营销部副主任	精通与本企业经营图书品种相关的专业知识，对其他相关领域知识有一定的认识，具备敏锐的市场眼光和较强的营销能力，组织实施重大营销项目
销售业务经理	熟练掌握图书营销专业知识，能够独立完成工作，能够协助上级完成重点项目中关键流程或节点工作
楼面主管	基本掌握本领域专业知识，掌握营销工作方法，能够在上级的指导下开展某一营销模块的工作，能够参与部分项目管理的辅助工作
营业员	基本掌握营销方法，独立从事销售业务
初级营业员	一般指新入职员工，刚从事本专业工作，对本专业知识及工作方法需要进行学习

2. 基本任职条件

基本任职条件，包含但不限于教育背景、专业经验、前一职级经验、资格证书(职称)、培训及工作表现等。具体内容如表 2-27 所示。

表 2-27 营销序列各级岗位基本任职条件

职级名称	基本任职条件							
	学历	专业	专业经验	上一职级经验	职称	资格证书	培训	业绩表现
营销部主任	本科	相关专业	12	10	高级经济师	经济师职业资格证书	培训计划完成率100%	绩效考核优秀
营销部副主任	本科	相关专业	8	5	经济师	经济师职业资格证书	培训计划完成率100%	绩效考核优秀
销售业务经理	本科	相关专业	3	3	经济师	经济师职业资格证书	培训计划完成率100%	绩效考核良好
楼面主管	本科	相关专业	2	2	助理经济师	经济师职业资格证书	培训计划完成率100%	绩效考核合格
营业员	本科	相关专业	1	1	/	/	/	/
初级营业员	本科	相关专业	0	0	/	/	/	/

注：专业经验和上一职级经验单位均为年。

3. 知识技能标准和要求

营销序列岗位的知识维度包括市场营销知识、图书编辑知识、图书印制知识、财会知识等，技能维度指对本序列岗位范围内技能的掌握程度，主要包括营销策划、市场调研与分析、客户管理、项目管理技能。各层级对专业知识掌握的广度和深度要求，以及技能掌握的程度要求都有差别。具体内容如表 2-28、表 2-29 所示。

表 2-28　营销序列岗位知识技能任职标准

维度	等级	评价标准
知识	五	精通本专业各方面的知识，对其他方面知识有较深认识
	四	精通多方面的知识，对其他方面知识比较熟悉
	三	精通一种及以上的专业知识，对其他方面有一定了解
	二	熟悉某方面的专业知识，但不够精通
	一	专业知识和方法比较欠缺，或只是书本知识的掌握，缺乏实践经验
技能	五	极高的能力水平，属于专家型人才，能够主持企业层面营销体系的建立工作；并能创新性地解决此领域最复杂和困难的问题；对相关职能或新方法、技术趋势有着深入广泛的了解，并能指导自身工作
	四	很高的专业技能，能熟练运用相关技能解决非常复杂的问题，向他人就知识、技能问题提供指导、培训；对相关职能趋势或新技术、技术趋势有着一定的了解
	三	较高的能力水平，能够独立地开展工作，并能解决部分困难问题，可以向他人传授一些知识和提供技能指导，对相关职能趋势或者新技术、新趋势关注并了解
	二	基本掌握相关技能，能够独立工作，并解决简单或明确的问题
	一	入门阶段，需要在他人的帮助下进行工作，并学习相关领域的技能

表 2-29 营销序列岗位知识技能任职要求

职级名称	专业知识	专业技能			
^	^	营销策划	市场调研与分析	客户管理	项目管理
营销部主任	五级	四级以上	四级以上	四级以上	四级以上
营销部副主任	四级以上	三级以上	三级以上	三级以上	三级以上
销售业务经理	三级以上	三级以上	三级以上	三级以上	三级以上
楼面主管	二级以上	二级以上	二级以上	二级以上	二级以上
营业员	一级以上	一级以上	一级以上	一级以上	一级以上
初级营业员	一级	一级	一级	一级	一级

第三章

出版人才评价体系建设

能力管理是现代人力资源管理的核心，人才评价是能力管理的基础和纽带。建立科学的人才评价体系并以此为工具识别适应岗位要求的员工，能够有效贯通人力资源管理全过程，提升员工能力和团队能力，实现人力资源价值最大化，支撑企业战略发展。我们结合出版企业特征，依据浮出水面的"胜任素质冰山"的基本业务能力模型和水面下的胜任素质模型，在广泛听取集团及子公司主要行政及业务领导、各子公司中层领导和人力资源管理机构的意见的基础上，确定人才评价标准，进而建立集团出版岗位人才测评体系，建立测评题库，确立测评方法。最后依据集团人力资源现状，以胜任素质模型为基础，建立集团全员培训体系和骨干人才培养计划。

第一节 出版人才岗位能力评价体系设计与试题库建设

出版岗位胜任能力评价，是从出版企业战略发展要求出发，以岗位胜任力为对象，以提高业绩为目的，定义和描述员工完成某项工作所需要具备的知识、能力和品质的一种思维方式、工作方法及操作流程，是对员工的能力及岗位能力需求进行匹配性判断的一个完整体系。

一、出版岗位胜任能力评价系统性特征

出版岗位胜任能力评价，是由既互相联系又互相制约的评价主客体、评价指标、评价方法、评价尺度、评价过程、结果应用等六要素组成的评价体系，具有鲜明的系统性特征。按照系统科学理论，这六个要素可以视为六个子系统，每个子系统的设计和实施都会直接影响到评价工作的整体质量（见图3-1）。在企业的实际应用中，每

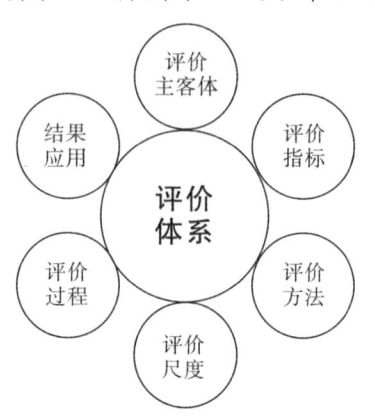

图3-1 出版岗位胜任能力评价系统

个要素都有其特定的要求及应用规律，企业对岗位胜任能力评价系统的构建应该建立在对其构成要素的充分了解之上。

1. 评价的主体和客体

在岗员工是岗位工作任务和工作职责的直接承担者，是最重要的评价主体。此外，各级组织和管理者也是评价主体。评价主体必须具备岗位胜任力相关的理论知识和操作技能，对所评价岗位有比较清楚的了解和认识，并且必须是岗位胜任力评价活动的实际参与者。评价的客体即评价的对象，是指岗位胜任力的各种要素，包括知识、技能、特质等。

2. 评价指标

评价指标是评价内容的具体化，是由表征评价对象各方面特性及其相互联系的多个指标构成的具有内在结构的有机整体，制定指标体系主要解决评价内容的问题。评价指标是评价工作可操作性的基础，其制定的科学性直接影响评价结果的可靠性。评价指标一般要进行等级的划分，指标级数越高，指标越抽象和概括，指标级数越低，指标越具体明确，一般评价指标分为三级。确定评价指标应该遵循具体性、可量化性、全面性、科学性以及独立性五个原则，在实践中一般采用行为事件访谈法和专家小组讨论法，根据出版人才岗位胜任力模型，结合本企业具体情况，确定该岗位角色的胜任能力要素及其级别，进而构建评价指标体系。

3. 评价方法

评价方法是否科学是评价目标达成的关键。岗位胜任能力的评价是对员工进行显性的知识技能和隐性的素质潜能的总体评价，必须综合采用多种方法尽可能做到准确全面。评价方法必须有针对性，应与员工具体的岗位胜任力模型相对应。不同岗位员工的胜任力评价方法应有不同的组合，根据岗位的具体特征有所侧重。评价方法具备易用性和成本适用性，尽量让评价人员易于掌控和把握，同时考虑企业具体的评价实施成本。具体评价中，一般采用员工自评和评价委员会评价相结合的方法，要素打分与例证相结合的方式。①较为常用的是360度评价法，可以从在岗员工自身、岗位上级管理者、该岗位的直接下属、同事甚至客户等方面全方位地了解个人的能力。

4. 评价尺度

评价尺度是指各个指标分别应该达到什么样的水平。制定评价尺度，首先应当遵循一致性原则，即评价尺度应该遵循岗位本身的要求，对同一岗位员工的要求应该是一致的，这样才能保证个体间评价结果的可比性。其次应遵循具体性原则，即评价尺度应该具体、明确，方便评价者理解和掌握。第三，还要遵循可量化原则，评价尺度应该是可量化性的，并且尽可能减少评价者主观因素的影响。

5. 评价过程

设计岗位胜任能力评价的过程，应该注重时间的合理性、信息的透明性、人员的参与性、过程的可控性等。在时间的合理性上，岗位胜任能力评价应与员工绩效考核的时间相一致，一方面有助于提高评价结果的可靠性，另一方面有助于降低评价的成本。评价过程

---

① Spencer L. M., McClelland D. C., Spencer S. Competency Assessment Methods: History and State of the Art [M]. Boston: Hay-McBer Research Press, 1994: 221.

信息的公开透明有利于提高员工的公平感，推动评价体系的改善。人员的积极参与可以建立良好的评价体系监督机制，使得评价结果更具有代表性和可信度。而过程的可控性则包括进程的可控性、风险的可控性及成本的可控性等，以保证评价体系的顺利建成。

6. 评价结果的应用

岗位胜任能力的评价结果显示员工能力与岗位的匹配程度，为企业的人力资源管理提供基础依据，应用到实际的管理工作中能发挥以下六个方面的作用：

第一，科学规划人力资源。基于岗位胜任力评价的人力资源规划是以胜任力模型为基础，盘点企业员工当前的胜任力现状，从而对未来的胜任力开发及符合胜任力要求的人力资源数量和结构做出战略性的安排，主要包括人员的数量、质量以及企业人力资源结构的规划。

第二，实现精准招聘。基于岗位胜任力评价的人员招聘是指根据企业、战略和人力资源规划的要求，将胜任力模型作为员工评价和岗位配置的标准，使得企业的人员招聘精确性更高。

第三，提升管理绩效。将胜任力理论和评价方法贯穿于绩效管理的全过程，不仅使胜任力作为绩效实现的依据，更作为绩效管理的组成成分。基于胜任力的员工绩效管理可以从真正意义上促使员工重视自身能力的发展，从而可以有效保障企业人员素质的质量。

第四，指导培训和人力资源开发。基于胜任力模型的要求和胜任能力评价的结果，有针对性地对员工的知识、技能、行为和态度进行培训，从而促进企业效率的提高和战略目标的实现，推动员工职业生涯发展，提高人力资源对企业战略的支持能力。

第五，科学管理人员薪酬。以胜任力为基础的薪酬模式，以员工所具备的知识、技能和对企业价值的认同程度来确定其薪酬水平，客观上推动了员工自身能力的提高和企业整体实力的上升。

第六，促进员工与企业共同发展。通过岗位胜任能力评价，为员工提供能力考核的结果反馈，制定相应的能力提升策略，不仅能帮助员工实现自身的职业发展目标，而且能促进企业核心竞争力的提升和企业发展，从而实现个人目标与企业经营战略之间的协同，实现员工和企业共同发展。

二、出版人才评价体系框架设计

根据岗位胜任能力评价的系统性特征，结合集团各出版企业的实际情况，我们提出"5+E"出版人才评价体系框架设计方案，即通过人才评价数字化平台，联系并协调相互作用、影响和制约的人才评价标准系统、人才评价方法系统、人才评价试题库系统、人才评价制度系统、人才评价组织系统，组合成为规范和科学的人才评价体系，承担出版企业人才评价的规划、建设、管理、应用和保障任务（见图3-2）。

1. 人才评价标准系统

人才评价标准系统是在系统的工作分析基础上，依据出版人才胜任素质模型和各个岗位基本业务能力模型建立的一系列特定组合、相互独立的评价指标。评价标准系统是人才评价体系的核心，反映了被评价者有代表性的各个方面的特征状态，是人才评价方法系统可选择性的基础，能为人才评价试题库系统提供构建标准。

2. 人才评价方法系统

人才评价方法系统是针对不同的评价目的和不同的评价对象优化组合方法，形成的一整套科学、客观、系统的方法体系，由传统和遵循现代化理念的人才评价方法共同组成。评价方法系统为人才评价试题库系统提供构建依据，为人才评价组织系统提供可使用的方法。

3. 人才评价试题库系统

人才评价试题库系统是基于人才评价标准系统和人才评价方法系统设计与开发的针对编辑校对和发行营销人员的不同类型的试题库，能够为人才评价组织系统提供执行评价的工具，将人才评价标准的应用落在实处。

4. 人才评价制度系统

将规范人才评价各项工作的开展要求和流程，作为公司系统开展人才评价工作共同遵守的准则，确保人才评价工作的科学性、客观性和规范性。随着公司系统人才评价工作的深入开展，人才评价制度将不断完善，能够为其他四大系统的有序、顺畅运作提供制度保障。

5. 人才评价组织系统

评价组织系统是人才评价体系有效运行的实施主体，包括人才评价机构、人才评价管理者和人才评价专家库。它将通过自身的运行，启动人才评价工作其他部分的研究、规划、设计、实施、修订、完善和发展等应用步骤。

6. 人才评价数字化平台

人才评价数字化平台包括数据库、流程管理、评价保障、评价实施和员工自助五个子系统，能够实现人才评价标准系统与方法系统、试题库系统的有机对应关系，试题库的分级分类管理，评价流程的规范化设置，评价管理制度的完善，以及人才评价过程的在线实施和记录，评价档案的统计、储存和查询等。

人才评价数字化平台是基于现代化的电子信息技术，实现企业人才评价工作体系化、规范化和科学化的整体解决方案，是确保人才评价标准系统和人才评价试题库系统有机结合的平台，五大系统将在其平台之上发挥作用，实现功能，并落地应用。

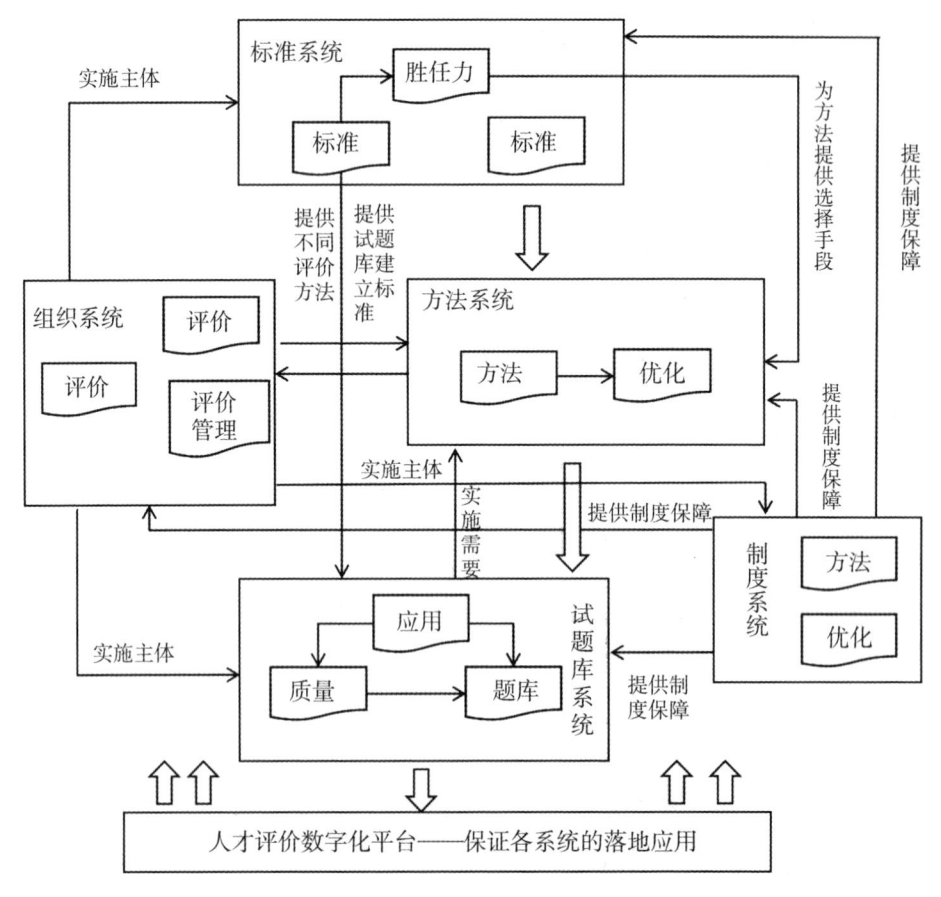

图 3-2 "5+E" 出版人才评价体系

三、出版人才评价试题库建设

建设人才评价试题库，确保第二章所列业务能力模型每一条评价标准都对应相当数量的题目，是实施人才评价的关键性工作。建设题库的方案按照试题资源收集—试题资源梳理—试题资源对应—试题题库开发—专家审核题库的步骤进行。

1. 试题资源收集

出版企业应组织各岗位资深在岗员工、人力资源管理者组成审题命题组，尽可能从出版社内部、兄弟出版社、国家职业资格考试和技能考核培训题库中搜集试题资源，结合国家职业技能鉴定标准，根据各岗位胜任能力评价标准，划分每个岗位胜任能力评价笔试试题和技能实操试题级别，确定其难度系数，并使其与评价标准一一对应。

2. 试题资源梳理

对试题资源的系统梳理，要使每一条评价标准均有相当数量的题目与其对应。题库梳理需要根据岗位胜任能力评价标准，对各岗位胜任能力评价笔试试题、技能实操试题进行划分，知识、技能测评试题库以岗位胜任能力模型为基础，对各能力模块内容进行细化和分级量化，结合国家职业技能鉴定标准，明确岗位知识、技能的内容。

3. 试题资源对应

题库评价内容主要分为两个模块：知识维度和技能维度。对照知识技能维度各能力要素评价内容，采用关键词索引技术对应评价试题库。

以高级策划编辑为例，专业知识为"精通多方面的知识，对其他方面知识比较熟悉",专业技能为"能熟练运用相关技能解决非常复杂的问题,向他人就知识、技能问题提供指导、培训;对相关职能趋势或新技术、技术趋势有着一定的了解",鉴别类胜任素质"创新精神、掌握市场导向、政治认知力、全局观、出版敏感度",搜索到若干题干,不断缩小范围,再去辨别评价内容是否与评价试题一一对应。示例如下:

试题难度一般分为三个层次:容易、一般、困难。试题难度系数对应试题难度层次如表3-1所示(试题难度系数以0~1表示区间范围,数值越低说明试题难度越大)。

表3-1 试题库难度层次与难度系数

试题难度层次	试题难度系数
容易	0.8及以上
一般	0.5~0.8
困难	0.5及以下

在对应过程中,根据正态分布理论,试题难度系数的确认原则如下:

评价标准。同一评价标准根据不同岗位评价要求,按照岗位从低到高,题目难度从容易到困难。

题目类型。题目类型按照试题难度从容易到困难依次为:单选题、判断题、填空题、多选题、简答题、论述题。

出题方向。同一个题型的题目分为正向和逆向两种考核方式,如选择题里面出现"包括"或"不包括"等词语，试题难度会有区别。

一般来说，正向的试题难度较小，逆向的试题难度较大。

4. 试题题库开发

试题库开发的原则是针对性、全面性、实用性、统一性及规范性。知识维度的试题，原有试题并不严格依照岗位胜任能力评价标准开发，通过评价标准各能力要素考核内容与试题资源的对应方法，不可避免会出现部分评价标准各能力要素没有试题资源与其对应或数量不足的情况。因此应对部分评价标准各能力要素进行再次对应，对仍未对应的能力要素，根据评价标准的要求，结合集团的业务活动要求对应出题。

技能维度试题中的基本技能类试题，主要参考知识维度试题开发方法。专业技能类试题，主要参考评价标准各能力要素对应的作业表单和作业指导书，形成相应能力要素考核评分标准。如有未对应的作业表单和作业指导书，参考实际工作中对应的流程和步骤形成相应考核评分标准。

胜任素质维度试题库的开发，首先要确定考核方向，依据技能岗位胜任能力和岗位胜任能力评价标准的要求，选择各岗位评价试题库的出题方向。其次要确定选题类型，针对确定的出题方向，从开放式问题、两难问题、多选问题、操作性问题等形式中挑选符合技能岗位胜任能力要求的题型。在此基础上撰稿并进行试测，根据胜任能力核心内容、岗位胜任能力评价标准和选题类型，撰写和编制试题题目。编定题目后提交专家审核，根据专家审定意见修改题库，定稿后，进行试题的试验测试，保证试题准确无误。最后反馈及定稿，通过试验性测试，对应试者的测试感受进行归纳与总结，并根据修改意见进行试题库修订和定稿。

第二节　出版人才评价制度与评价组织系统建设

评价制度是集团出版人才评价共同遵守的准则，评价组织系统是出版人才评价体系有效运行的实施主体。二者对出版人才评价工作的科学性、客观性和规范性，以及其他四大系统的有序、顺畅运作具有重要意义。

一、出版人才评价制度建设

出版人才评价制度，包括评价标准相关制度、评价试题库相关制度、评价专家相关制度和评价机构相关制度。

评价标准相关制度的构建重点，是明确管理评价标准的工作人员的职责、评价标准更新的周期、评价标准制定的流程和方法，以及制定对评价标准数据库的日常管理规定。

评价试题库相关制度的构建，首先，要制定试题库开发建设的管理制度，加强对企业不同类型试题库的开发流程、方法、开发时间和开发人员的标准化与规范化管理，规定对试题库开发人员的培训、选拔和聘任要求。其次，要进行试题库运行监管制度建设，规定试题库系统的使用权限、保密等级、日常运行和应用于评价时的组卷流程，保障试题库运行顺畅。第三，要加强动态更新机制制度建设，规定试题库的定期和不定期更新形式、题目提交和审核流程。

评价专家相关制度的构建，重点在于规定各类评价专家的选拔、培养、考核、激励和约束制度，保证岗位胜任能力评价专家队伍质量，调动企业内部高技能人才和技术专家加入岗位胜任能力评价专家队伍的积极性。

评价机构相关制度的构建思路，主要是确保岗位胜任能力评价中心、教育培训机构、职业技能鉴定中心在岗位胜任能力评价工作中发挥应有的作用，保障合理分工与合作，实现岗位胜任能力评价机构的顺利运转，三个机构需要制定相应的管理制度，明晰各自负责的领域。

二、岗位胜任能力评价组织系统建设

结构合理的组织系统是整个岗位胜任能力评价体系得以高效运转的重要保障，因此，需要进一步梳理现有岗位胜任能力评价组织架构，理清工作界面，明确职责划分，建立责任清晰、层次分明的组织架构，为岗位胜任能力评价体系的构建提供坚实的组织保障。

岗位胜任能力评价组织系统，由岗位胜任能力评价中心、岗位胜任能力评价管理者和岗位胜任能力评价专家库构成。

1. 岗位胜任能力评价中心

需建立总公司、各子公司两个层级的岗位胜任能力评价网络。总公司岗位胜任能力评价中心负责集团岗位胜任能力评价工作的宏观指导和组织协调，各子公司也都设有岗位胜任能力评价中心，负责本单位岗位胜任能力评价工作的组织开展和日常管理,在人事部门的直接领导下有序开展。

各级岗位胜任能力评价机构在日常工作中,充分利用集团相关机构的硬件资源和人力优势,开展胜任力模型构建、评价标准编制以及试题库建设等工作。

要充分结合岗位胜任能力评价业务领域的拓展,逐步健全岗位胜任能力评价者岗位设置。

2. 岗位胜任能力评价管理者

岗位胜任能力评价管理者主要负责岗位胜任能力评价工作的统筹、管理和组织协调,可以从级别与类别两方面对岗位胜任能力评价管理者进行划分(见表3-2)。

表3-2 岗位胜任能力评价管理者的构成

岗位胜任能力评价管理者级别	岗位胜任能力评价管理者类别	相关岗位
集团公司	岗位胜任能力评价公司	负责人 执行人员 评价专家 辅助人员
分公司	岗位胜任能力评价中心 职业技能鉴定中心	负责人 评价专家

(1)岗位胜任能力评价管理者的资质

为保证岗位胜任能力评价管理者的专业化水平,企业要对不同级别与类别的评价管理者进行资质鉴定。具体资质要求包括学历和专业、从业资格证书、岗位胜任能力评价工作经验、理论知识、岗位胜任能力评价技术、综合能力和职业素养等。

（2）岗位胜任能力评价管理者的培养

岗位胜任能力评价管理者的专业素质是岗位胜任能力评价工作顺利开展和确保评价工作质量的关键，按照企业要求加强对岗位胜任能力评价管理者的培训至关重要。

首先，对岗位胜任能力评价管理者进行等级划分。在岗位胜任能力评价管理者岗位类别划分的基础上，根据工作年限、专业水平对岗位胜任能力评价管理者进行等级划分，从高到低划分为A、B、C、D四个等级（见表3-3）。

表3-3 岗位胜任能力评价管理者等级划分

等级	岗位胜任能力评价管理者工作状况说明
A级	从事相关工作5年以上，能够运用已掌握的岗位胜任能力评价理论来辨别岗位胜任能力评价方案的优劣，对岗位胜任能力评价工作有自己的思路和构想，并能够协调各种资源组织人员来落实岗位胜任能力评价工作
B级	从事相关工作3~5年，清晰理解岗位胜任能力评价的基本原理，明确各种测评方法的优缺点，能够协助外聘专家按照测评方案组织人员开展测评工作
C级	从事相关工作1~2年，接触岗位胜任能力评价领域的工作不久，初步了解岗位胜任能力评价的基本理论，知晓岗位胜任能力评价工作测评方法
D级	刚刚入职，对岗位胜任能力评价领域不甚了解

其次，针对不同等级的岗位胜任能力评价管理者建立胜任力模型和评价标准，建立起"能者上、平者让、庸者下"的岗位胜任能力评价管理者评价、培养和任职形式。

最后，基于胜任力模型，确定不同等级岗位胜任能力评价管理者的培养内容和培养方式，培养方式主要包括轮训、实例演练、专家引领、案例分析等。根据工作实际，对岗位胜任能力评价管理者的培养方式进行设计与规划，填写表格（见表3-4）。

表3-4 岗位胜任能力评价管理者培养方案设计

等级	培训方式	培训内容	培训时间	实施频率	效果评价	上岗要求
A级	实例演练、专家引领					
B级	案例分析、实例演练、专家引领					
C级	轮训、案例分析					
D级	轮训					

3. 岗位胜任能力评价专家库

目前岗位胜任能力评价专家包括专业技术资格评定专家和技能鉴定考评员等，在岗位胜任能力评价开展过程中，需要集中公司内部专家力量，适当借助外部智力资源，各负其责、内外联动，为岗位胜任能力评价体系的顺利落实提供保障。岗位胜任能力评价专家库由履行不同职责的专家组成，大致分类如表 3-5 所示。

表 3-5　岗位胜任能力评价专家分类及来源

专家分类	专家来源
研发命题组 审核鉴定组	企业内部负责人才测评工作的资深专家，企业内部管理者、技术技能专家，外部咨询顾问
综合能力考官组	企业内部管理者，企业内部负责人才测评工作的资深专家，外部咨询顾问
专业技术资格评定组	按照公司专业技术资格评定委员会管理办法选聘的内外部专家
职业技能鉴定组	经国家人力资源和社会保障部核准取得职业技能鉴定考评员资格的职业技能鉴定专家，由内部和外部专家两部分构成

第四章
出版企业人力资源管理体系建设

　　人力资源、物力资源、财力资源和信息资源，是企业的四大资源。对出版产业来说，人力资源是企业的主体性资源，是唯一可连续开发、深层次开发和无止境开发，且能支配其他三种资源并产生效益和效率的资源。因此，人力资源管理直接影响着组织的整体利益。建设人力资源管理体系，科学地开发、管理企业人力资源，充分调动人力资源的积极性，发挥其作用，更好地实现员工的价值，是出版企业人力资源建设的关键所在。

　　把合格的人安置在合适的岗位上，使其最大限度地发挥效益，本人也能最大限度地感到自豪与满足，是人力资源管理的主要职能。所谓合适的岗位是依据战略和流程确定的工作职责，所谓合格的人是能够胜任工作职责的员工。定义工作职责是通过工作分析和设计实现的，定义员工胜任能力是通过建立企业胜任力模型实现的。

第一节　出版人力资源管理面临的问题和解决思路

由于历史原因，尤其是体制的因素，我国出版企业，尤其是地方出版机构长期以来对人力资源采用粗放式、放任自流式的管理方式，使得人员在结构上、思想素质上落后于企业发展的需要，形成企业发展的人力资源"瓶颈"。主要表现为"三多三少"，即冗员多，管理人员多，低素质员工多；内行少，具有创新意识的人少，人才储备少。当传统出版与新兴出版融合发展已成定局，出版人力资源又面临着新的挑战，如何合理组织人力资源，协调各方面的关系，满足当前出版企业发展的需要，成为人力资源管理的重要任务。

一、出版人力资源管理面临的新问题

出版人力资源管理可以分为战略层面、职能层面和核心层面三个功能模块（见表4-1）。出版企业人力资源管理面临的新挑战，主要源于融合发展转型升级速度加快、市场竞争压力加剧和优秀人才争夺烈度提升，可以归结为资源挑战、制度挑战和知识技能挑战三个类别（见图4-1）。当前集团各出版社和发行子公司人力资源管理相对滞后，还处在人事管理向人力资源管理转变阶段，管理职能没有得到充分的发挥，这三个模块均存在着一定的管理缺陷。

表 4-1　人力资源管理功能模块

职能层次	职能层次功能模块组成
战略层面	人力资源规划，组织设计，组织文化，组织变革
职能层面	招聘与选拔，安置与使用，培训与发展，考核与薪酬
核心层面	工作分析（做什么、怎样做、谁适合做）；信息系统

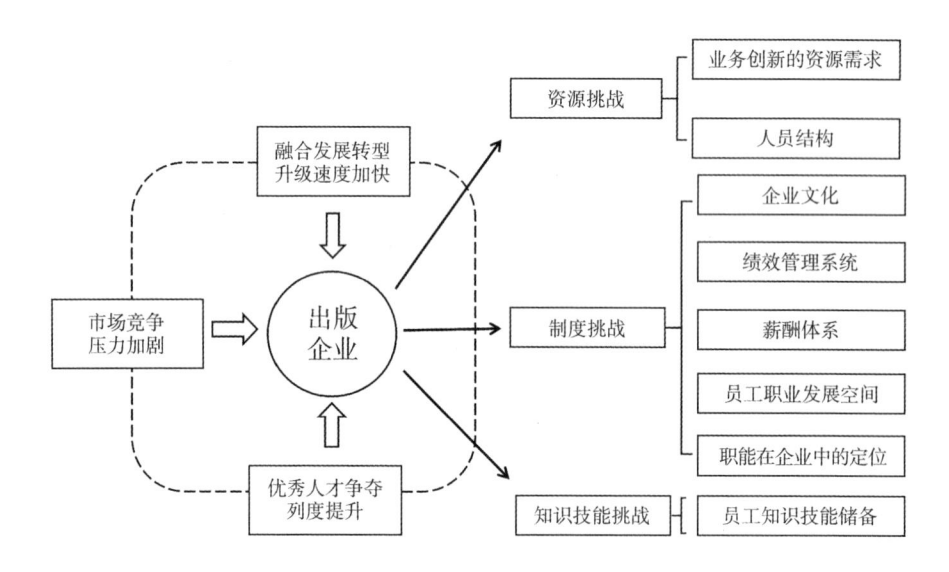

图 4-1　出版企业人力资源管理面临的挑战

1. 战略层面

战略层面面临的主要问题，是各出版机构还处在人事管理向人力资源管理转变阶段，对整体人力资源工作缺乏战略高度的统筹考虑，没有上升到战略性人力资源管理的高度。

总体来说，集团各出版社和发行子公司还没有真正接受以人为中心的管理理念，观念上不认为人力资源是一切资源中最宝贵的资源，不认为经过开发的人力资源可以升值增值。各出版社和发行子公司普遍缺乏全员的人才意识、市场竞争意识，仍然把人力资源仅仅视作成本，并且把减少人力投资作为降低成本的重要举措之一。因此，缺乏统一的、与企业发展战略相匹配的人力资源规划，缺乏一套完整的战略性人力资源管理的思想和管理模式，人力资源管理缺乏系统思考、系统设计和必要的组织保证。

集团各出版社和发行子公司普遍缺乏系统的现代人力资源管理与开发思想，没有形成人才引进、开发与管理一体化的运行机制，没有形成一套完善的人才资源开发体系。缺乏对人力资源的主动开发和策略式管理，更缺乏将人力资源管理思想转化为适合企业特点的、可操作的制度、措施、技术手段、途径。

人力资源部是企业战略支持部门，在企业的战略决策和重大决策上发挥着重要作用。但是集团所属大部分出版社和发行子公司人力资源管理队伍还没有形成，尤其是缺乏职业化的人力资源管理人员。特别是一些单位往往把人力资源部错误地定位在职能部门，难以发挥战略支持作用。

目前集团各出版社和发行子公司的人事部门，未把企业文化纳入人力资源管理范畴，使企业文化在一个企业中所具有的动力功能、导向功能、凝聚力功能、复合力功能、约束力功能没有被很好地挖掘出来。

此外，集团各出版社和发行子公司人才流动机制不完善，造成劳动资源分布不合理。一方面，人员被束缚在各二级单位内，致使人才流动困难，造成部分人无法施展才能。另一方面，企业从外部引进人才的机制还不完善。

2. 职能层面

职能层面，集团各出版社和发行子公司普遍存在的问题是：重视人才引进，忽视人才使用；重视人才数量，忽视人才群体结构优化；重视人才学历，忽视人才能力；重视人才投资收益，忽视人才施展才华的条件；重视人才储备，忽视人才浪费；重视人才使用，忽视人才培养；重视人才贡献，忽视人才需求，无效开发、低效开发较为普遍。

集团各出版社和发行子公司的人力资源管理部门履行的还是人事管理职能。人力资源管理的重点是开发人的潜在能力，把人力资源看作是第一资源，以投资的眼光看待培养人才、激励人才、开发人才。人事管理职能等同于人力资源管理职能，只对员工进行简单的"进、管、出"管理，不能从战略的角度着眼于人力资源的配置、使用、评估、培训、有效激励，真正的职能没有发挥出来，难以为企业战略目标提供强大支撑。

部分出版社缺乏规范化、定量化的员工绩效考评体系，仍然沿袭着传统的、以经验判断为主体的绩效评估手段，缺乏完整、操作性强的绩效考核管理办法，缺乏统一完整的标准，尚未形成稳定、完整与有效的绩效评估体系。现行考核体系中缺乏对员工个人的考核，对职能部门的考核缺乏有效的手段和办法。关键考核指标不突出，业绩考核设计不合理。考核指标选择不够合理，缺乏过程性考核。考核实施过程不到位，不够透明。考核管理制度不够健全，可操作性的实施细则有待完善。缺乏考核反馈、申诉过程，沟通的作用发挥不够理想。考核结果没有被有效运用，运用范围较窄。在管理技术上落后，缺乏科学手段。

集团各出版社和发行子公司普遍缺乏系统性和连续性的培训工作，具体表现在三个方面：一是没有结合企业成功、成熟的经营管理经验总结出一套实用的企业培训内容和方法，培训管理制度不够健全，公司培训体系没有建立，培训管理不到位；二是不注重新员工的上岗前培训，有的企业虽然进行了培训，但很不规范；三是没有将已经上岗的员工的培训和教育纳入正常的轨道，人才开发职能没有发挥，员工职业规划空白，部分部门针对基层的岗位技能培训较少，开展不够及时。

部分出版社缺乏长期有效的激励，手段比较单一。在调动员工积极性的方式上过分依赖货币激励办法（如晋升工资、发奖金、分红、给红包等），而忽视了非货币的激励办法（如理想激励、目标激励、榜样激励、培训激励和自我实现激励等），忽视了良好的企业组织环境的培育，使得企业缺乏凝聚力，员工缺乏归属感。激励机制不健全，员工的积极性、主动性、创造性还没有充分发挥，人才队伍稳定问题凸显，员工流失率偏高。

在人才招聘方面，没有引进先进的招聘和测试手段，还停留在过去靠经验的阶段，工作管理粗放，人才引进缺乏科学的管理方法和程序。人力资源部门在招聘过程中没有充分发挥职能，外部招聘渠道不够丰富，面试人员缺乏培训，对应聘人员的评价体系相对简单，不能完整反映应聘者的真实情况。相当一部分下属企业由于不重视对招聘或录用的规划，员工大部分是"内定"的，缺乏规范的招聘或录用流程，也缺少招聘或录用的主动权。

部分单位薪酬没有与市场充分接轨，薪酬管理制度不够健全，薪酬结构相对简单，忽略了对特殊技能和优秀人才的考虑，薪酬结构中主要项目的激励作用不够突出，统一的薪酬结构不能充分发挥对员工的激励作用，员工工资晋升通道单一，存在管理独木桥现象，奖金的分配方式不合理，部分非经济激励形式平均化、形式化，效果不佳。缺乏工作分析与职位评价，造成不同学历人员之间的不平衡，影响利益分配的合理性。

在人员配置上，计划性安置明显，较少考虑人岗匹配，人力资源配置水平有待进一步提高。裙带关系在一些企业明显，专业技术人才成长通道较窄，人才不足和人才闲置同时存在。人才评价和职称评聘重学历轻能力、重资历轻业绩仍然一定程度存在，论资排辈影响了员工的积极性和创造性。

缺乏对人力资源的动态管理。一是在对员工的纵向管理方面，把录用、培训、考核、调动、退休等孤立地进行管理，造成录用与使用相脱节，使用与培训相脱节，培训与晋升、奖励相脱节，等等。二是横向方面，把互相联系的"人"划归各单位、各部门，从各自的管辖范围出发，进行分口切块式的管理，形成人员的"部门所有制"，人员成了部门财产，只重拥有而不重使用，人才闲置、人才压制或人才压抑现象普遍。

3. 核心层面

核心层面主要是工作分析（做什么、怎样做、谁适合做）和信息系统。人力资源管理信息系统是人力资源管理的基础工作，也是人力资源管理的核心工作。

工作分析是确定企业中各项工作的任务和性质，并确定哪些人适合做这些类型的工作的过程，并制定出工作规范（工作的内容是什么）和工作说明书（雇用什么样的人来完成这些工作）的过程。它提供的信息是其他人力资源管理活动的基础和依据。目前，集团大部分出版社和发行子公司的工作分析、职务评价等人力资源管理的最基础工作都未完全进行，没有具体、实用的工作规范和工作说明书，很多工作只能凭感觉和经验来决策和处理，使其他人力资源管理活动失去了基础和依据。

集团各出版社和发行子公司没有推行人力资源管理信息系统，还局限在存储信息、打印报表的阶段，而且大部分还是停留在Word、Excel等Office软件水平上，数据零散，效率低下。有个别企业开始研制自己的人力资源管理信息系统，设计思路仍停留在传统的人事管理上，只是简单的档案、考勤和工资管理，功能很不完善。ERP系统已经使用多年，但大多数单位人力资源模块还没使用。人力资源管理信息化程度低，工作效率不高也就在所难免。

虽然存在着上述问题，但是总体来看，集团各出版社和发行子公司已经居安思危，开始注重人力资源管理的战略性、整体性和未来性，重视和加强了人力资源的管理与开发，这是不容置疑的。

二、解决出版人力资源管理问题的思路

如前所述，面对出版融合发展的大局，从计划经济时期沿袭下来的人事管理办法已经无法适应当前的需要。为了少走弯路，必须从传统人事管理向战略性人力资源管理转变，构建完善的人力资源管理体系。

1. 真正将企业战略和人力资源管理结合起来

企业发展的关键在于如何使用人才，如何调动他们的积极性，如何使他们的行为符合企业利润最大化的要求，这些是企业人才发展战略及管理的主要内容。人才战略是企业为实现公司战略目标而在雇佣关系、甄选、录用、培训、绩效、薪酬、激励、职业生涯管理等方面所做决策的总称。人才战略是一种集成，它与公司战略、竞争战略、其他职能战略纵向整合，并与自身内部的各环节横向整合。

企业的战略决定企业的未来。决定企业持续竞争优势的关键不仅是规模和实力、成本与价格，更重要的是战略。战略实施的灵魂是人和体系。企业人才战略是企业发展战略中非常重要的内容，企业的成功与否，关键要看企业人才战略的实施情况。企业要获取并维持长久的竞争优势，就必须从战略的高度来开展工作，建立起战略体系。战略一方面要求根据企业战略目标的要求，确定一定时期内企业的总目标、总政策、实施步骤及总预算安排；另一方面要求企业制定一套完善的体系。

企业要获取并维持长期的竞争优势，就必须从战略的高度来审视其人才政策的有效性。人才规划由两个层次的内容构成：一是根据企业战略目标的需求，确定一定时期内企业人才开发和利用的总目标、总政策、实施步骤及总预算安排；二是制定一套完善的业务计划，落实企业人才整体计划，这一计划包括招聘与引进计划、组织结构与岗位职位设计计划、人员配置与使用计划、人员接替与晋升计划、教育与培训计划、绩效评估与激励计划、劳动关系计划以及退休计划、解聘计划等。

2. 以系统的、全局的眼光来理解

人力资源管理的各项活动如甄选、录用、培训、绩效、薪酬、激励、职业生涯管理等方面工作以职能形式各自独立，但各业务系统之间并不是彼此孤立，而是相互衔接、相互支持、相互驱动，形成一个有机整体。要发挥好人力资源管理体系的基本功能，就必须以系统、全局的眼光来理解，建立业务系统相互衔接配套、相互协同运作的制度体系。

出版企业要树立人力资源是第一资源的观念，企业一把手要亲自抓，要把整体性人才资源开发及管理提升到战略高度来认识，确立其在企业的核心地位，确保企业在市场竞争中获得持久的竞争优势。人力资源部要从自身调整，从事务性管理转向战略性管理，从管理中心转向服务中心，从经验式管理转向职业化管理，将人力资源管理与组织的战略性目标联系起来以改进组织的绩效。这不仅仅是人力资源部门的工作，也是各执行部门的重要工作，是每个管理岗位实际上都有的职能，只有提高各级管理层领导对工作的认识，才能培养出企业需要的核心人才，形成企业的核心能力，从而实现企业的发展战略。

出版企业需要建立一整套科学有效的体系，实现企业对员工的要求与员工个人需求的有效统一，为企业的战略与业务服务。以识人基础——工作分析系统、选人基础——招聘与选拔系统、育人基础——培训与开发系统、用人基础——考核与薪酬管理系统、留人基础——配置、使用与文化引导系统这五大支持系统构成的功能模块，是做好工作的保障。同时，出版企业还必须建立以绩效为中心的绩效管理体系。这样，就会形成部门职责清晰、岗位分布科学、绩效考核到位、薪酬福利配套的体系，将企业目标与部门、个人努力紧密联系，通过科学的人力资源管理，大力提升企业的核心竞争力。

出版企业必须制定一系列完善的制度来落实工作。制度包括五个部分，即招聘制度、培训制度、考评制度、员工职业发展制度、薪酬制度。招聘制度规定了招聘需求的制定、招聘政策和招聘程序。培训制度规定了培训的组织实施过程、职前教育管理办法、岗位技能培训管理办法、外派培训管理办法等。考评制度规定了不同人员的考评主体、考评周期、考评内容、考评程序等。员工职业发展制度规定了不同职务类型员工的职务评审方法，为员工发展提供了多种通道。薪酬制度规定了公司的工资体系、不同人员的工资制度、奖金分配以及其他福利措施。这些制度几乎涵盖了人才制度的所有方面，具有极高的借鉴意义。

对于集团公司来说，人力资源利用与开发工作应该分层面进行，不同层面的工作重点应该有所区别，由此构成一个人力资源利用与开发的有机统一体。集团公司层面的人力资源利用与开发工作应该紧紧围绕集团公司的发展战略，重点为满足集团公司的全局性人才需求服务。加强复合型的企业经营管理人才队伍建设，转变经营管理机制。加强专业技术人才队伍建设，推动企业实现技术创新。重视技能型人才队伍建设，推动技术创新和科研成果向现实生产力转变。加强引进人才资源开发，优化增量人才资源结构。加大人才的教育和培训力度，提高人才资源层次结构。加快人事制度改革步伐，为人才结构调整提供制度保障。

3. 以大人才模式来指导企业

人力资源利用与开发的好坏，既受其外围环境——企业文化的影响，又受其运行载体或平台——企业组织架构的影响。组织架构和岗位设计是人力资源利用与开发的载体和平台，在进行人才战略规划时，首先对企业文化进行诊断、分析和提炼，并把企业思想政治工作归入企业文化建设中，以此发挥企业文化的导向功能、约束功能、凝聚功能、激励功能以及辐射功能。同时，从适应发展战略的角度对集团的组织结构进行重新定位及设计，根据企业远景和经营战略来全盘规划设计的指导理念和原则。要做好科学规范的工作分析，建立完善的岗位职责描述。出版企业的人力资源管理，只有纳入并遵循科学和规范的工作分析，才有可能根据需要，正确地决定设置哪些工作，决定每项工作对职工的知识、技能素质等要求，并进行详细描述，得出工作的任职说明。在此基础上明确任用标准，选拔任用符合需要的合格人员，并以此作为对职工的绩效评估、晋升晋级、调配、解聘的标准。工作分析是将战略、组织、文化落实到具体的各项活动的分析，明确了职位对公司的价值、如何衡量以及对任职人员的要求。

大人才模式的最后一个层次才是具体的招聘、培训、绩效、报酬等操作层面，如政策、制度、程序、方法等。只有将发展战略、企业文化、组织建设和人力资源利用与开发有机地融合在一起，才能发挥系统性和全局性的作用。出版企业中存在的诸多问题并非偶然形成，也不是短时间内就能彻底解决的，它既要国家宏观政策和法律法规的引导和规范，更需要企业实施科学有效的内部变革，建立科学的人才开发管理体制和有效的激励机制，充分调动管理者和普通员工的积极性，并进行管理创新，使人才真正成为企业的第一资源，人才战略成为企业谋求发展的第一战略，从而不断提升企业的核心竞争力。

第二节 出版人力资源管理体系的设计建构

通过制度构建和文化营造等手段，选好人、用好人，为企业提供及时而有效的人才供给，吸引、选拔、留住、培养和激励人才，是人力资源管理的根本目的。科学招聘与选拔、客观评量人才素质、系统培训、立体培养、多维职业发展等人才管理工作，正成为出版企业人力资源管理的新课题和工作重心。结合前文的解决出版人力资源管理的思路，只有设计建构出版企业人力资源管理体系，将这些新问题和新的工作重心系统化处理，才能从根本上解决出版企业的人才问题。

一、出版企业人力资源管理体系建构的基本思路

人力资源管理的工作核心是保障适合的人，在适合的时间，从事适合的事，从而保障公司战略实施过程中的连续的人才供应，具

体内容可以概括为识别与选拔人才、培育人才、使用人才、留住人才。识别与选拔人才，就是通过周密的人力资源规划，根据胜任力模型制定科学合理的人才选拔标准，系统组织招聘活动，严把人才质量关，招聘引进企业需要的人才。培育人才就是加大对员工培训的力度，建立员工培训终身制，使员工与企业一同成长。使用人才就是把合适的人才配置到合适的岗位，做到人尽其才。留住人才就是建立不同层次、形式多样的有效激励机制，充分调动员工的积极性、主动性，增强企业的凝聚力。其中，识别人才是基础，选拔人才是先导，培育人才是动力，留住人才是目的，使用人才是核心。

人力资源管理包括人力资源规划、吸引与招聘、测评与评估、绩效管理、人才开发、员工继任、员工保留等几项职能，可以分为基础层面的工作分析和管理信息系统，宏观层面的人才战略规划、组织设计、组织文化、政策法规与管理环境，以及微观层面的人力资源的选聘录用、培育开发、绩效考评、薪酬分配、福利保障、职业管理等。

站在企业战略的高度，我们将出版企业人力资源管理建构的总原则确定为识别优秀人才、吸引优秀人才、保留优秀人才、发展优秀人才，并通过系统原则、互补原则、能级原则、信任原则、激励原则、动态原则、实践原则、扬长避短原则、竞争原则等具体原则实现。据此，可以将人力资源管理体系设计成以下几个功能系统：以工作分析系统进行人力资源规划并奠定识别人才的基础，通过招聘与选拔系统实现选拔人才的功能，以员工培训开发系统持续不断地培养人才，以考核与薪酬管理系统作为使用人才的基础，用配置、使用与文化引导系统留住人才。这几个功能系统相互联系、相互制约、相互作用，共同构成出版企业的人力资源管理体系。

二、出版企业人力资源管理体系的设计建构

人力资源管理体系是管理技术、管理制度、管理机制和管理流程的有机结合，是企业人力资源管理的制度建设、机制的引入、业务流程的梳理、技术方法的创新等各方面的综合体现，当企业对员工的要求与员工个人的追求得以统一时，企业就能培育出独特的核心能力，去支撑企业经营战略，实现企业使命追求。

出版人才基本业务能力模型是人力资源管理体系建构的基础，承上启下，保证了企业战略和价值观可以通过人力资源管理实践的各个环节转化为员工的具体行动。为此，必须通过基本业务能力模型，在企业战略和企业人力资源管理的各个方面之间建立有效联系，加强人力资源管理体系各要素的相互衔接与配合，通过实现系统的整合，获取并保持竞争优势，最终实现企业的战略目标。培训的规划可能要基于在绩效管理过程中所呈现出来的问题，而招聘过程中的人才甄选标准，要基于绩效管理过程中的绩优人员的胜任力模型，该模型也用于继任过程中的人才培养与领导力开发，绩效的结果将用于薪酬管理以及员工继任中的人才评估。

据此，我们以出版人才基本业务能力模型为基础，以人力资源管理技术、人力资源管理制度、人力资源管理机制、人力资源管理流程为支撑，将出版企业人力资源管理体系的基本框架确定为基于战略的人力资源规划系统、基于基本业务能力模型的能力评价系统、

基于 KPI 指标的考核系统、基于业绩与能力的薪酬分配系统、基于职业生涯的培训开发系统等五大系统。通过这相互制约、相互促进的五大系统，实现出版人力资源管理的价值评价、价值分配（考核与薪酬）与文化管理（见图 4-2）。

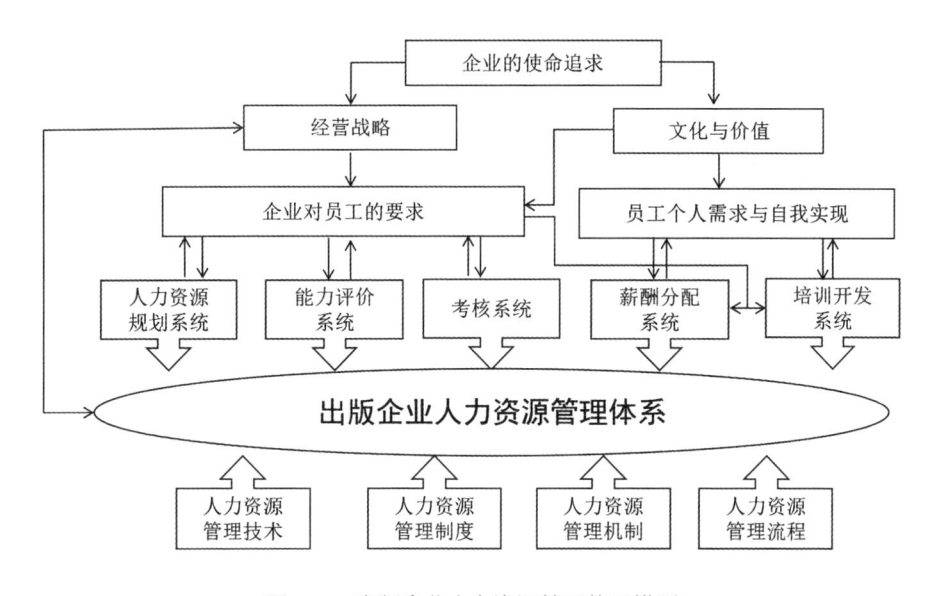

图 4-2　出版企业人力资源管理体系模型

作为体系支柱的出版人力资源管理机制，是竞争淘汰机制、激励机制、牵引机制、约束机制的有机结合。出版人力资源管理制度，是以建立在基本业务能力模型上的考核制度为核心形成的职务制度、资格制度、培训制度、晋升制度、工资制度系统，贯穿于人才识别、选拔、使用、培养的各个层面。出版人力资源管理的流程，是在人力资源管理一般流程的基础上，结合出版业务流程和出版企业信息化管理流程，打造的具有出版企业特色的管理流程。

人力资源管理技术，是人力资源管理理论指导下的应用技术，包括人力资源价值辨识技术、人员招聘技术、员工职业生涯设计管理技术、组织结构设计与工作分析技术、员工考核技术、员工培训技术、员工薪酬管理技术、人力资源成本分析技术、管理的有效性技术、激励的有效性技术、人力资源的动力开发技术、人力资源潜能开发技术、成功准则应用技术、人际关系协调技术和心理误区疏导技术等专属技术，这些技术与信息网络技术相结合，共同打造了人力资源管理体系的技术基础。

在上述四大支柱之上建构的出版人力资源管理体系，重点考虑推动企业人力资源管理理念的转变、保持体系内要素的平衡与互补、做好人力资源战略规划、强化企业文化等问题，努力做到理念先进、体系完整、分类科学、动态调整，实现部门职责清晰、岗位分布科学、绩效考核到位、薪酬福利配套。唯有如此，才能将组织目标与部门、个人努力紧密联系，通过科学的人力资源管理，大力提升企业的核心竞争力。

三、出版企业人力资源管理体系的应用

人力资源管理作为一项系统工程，各业务系统之间并不是彼此孤立，而是相互衔接，相互支持，相互驱动，形成一个有机整体。建构并发挥好人力资源管理体系的基本功能，必须围绕人力资源管理主流程各个环节，即选人、用人、育人、留人，建立人力资源管理业务系统相互衔接配套、相互协同运作的制度体系（见图4-3）。

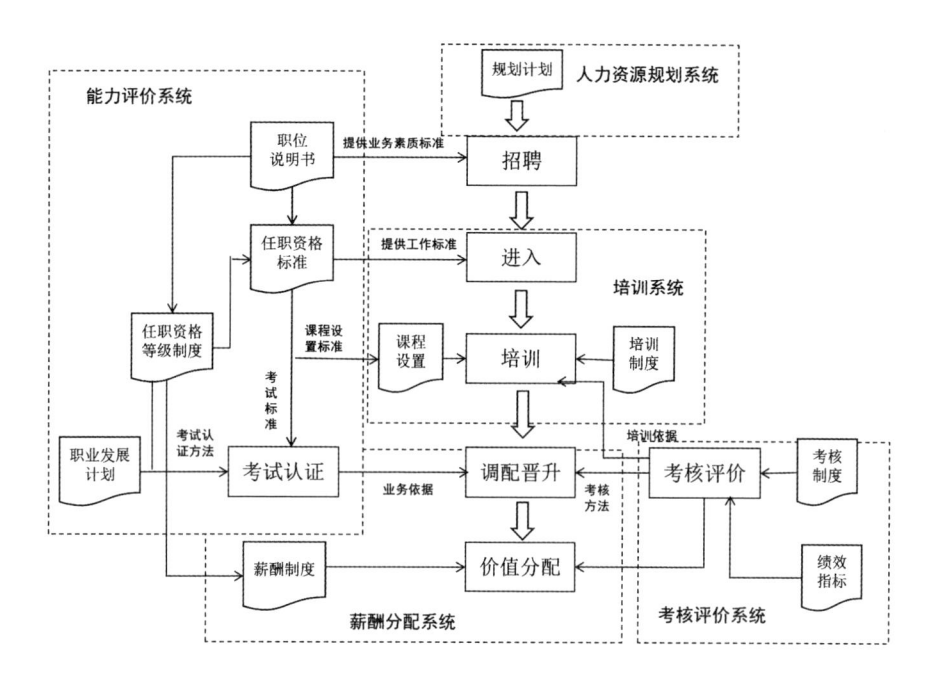

图 4-3　出版企业人力资源管理体系的应用

以胜任力素质模型和基本业务能力模型为基础的能力评价系统，是人力资源管理体系的基础和枢纽，通过一系列人力资源开发管理制度，联系并推动着其他几个系统，实现了人力资源管理体系的科学化和精准化。

应用出版人力资源管理体系，首先要在出版人才基本业务能力模型的基础上，分析企业人力资源结构，制定不同类别员工的素质计划，将企业战略具体落实为人力资源的规划和计划，规定企业战略对各类人才的知识、技能、经验等素质要求。

其次，根据能力评价系统，在对职位进行分层分类的基础上编制职位说明书，作为人力资源管理体系的框架性文件，并以此为基础建立企业的任职资格等级体系和制度。职位说明书为员工招聘提供了业务素质标准，同时也是制定任职资格等级制度和任职资格标准的重要基础。任职资格标准为人才引进提供工作标准，也为考试任职提供考试标准，还为员工继续教育课程设置提供课程标准，与员工职业发展规划相结合又作为员工调配晋升的业务依据。在职务说明书基础上制定的任职资格制度，是制定薪酬制度的依据，作用于薪酬分配系统最终完成价值分配。

再次，以提升员工业务能力和胜任素质为目标，建立业务培训制度，完成课程设置，在考核评价系统的调控下，理论联系实际，完成员工培训。

最后，不断完善考核评价系统，通过绩效考核和评价，以调配晋升和价值分配为手段，实时调控员工继续教育、价值分配和调配晋升，实现对出版企业人力资源管理流程的有效调控。

企业文化、企业规模、人力资源管理体系基础，是影响出版企业人力资源管理体系是否能够真正有效地支持实现战略目标的三个关键因素。应用人力资源管理体系，必须首先检查企业文化，一定要树立尊重人才、培养员工的企业人才使用理念。其次，要注重企业规模与人力资源管理体系的适配程度。集团所属出版社除人民出版社外，都是专业出版社，编辑校对岗位员工既要有出版业务素质，又要有各个不同专业的专业能力，因此集团层面的人力资源管理体系，必须在培训和调配晋升方面综合考虑这两个因素如何协调。相比之下，发行营销人员的管理就较为简单。最后，要认真检查人力资源管理体系的基础工作是否已经完善，例如出版企业是否量化评价了不同岗位的人才，是否进行了准确的工作分析和定岗定编设计，是否已经建立了较为完善的员工职业生涯规划和晋升管理体系，等等。

出版企业人力资源管理体系是一套人才梯队建设的管理体系，也是企业对有发展潜力的、能够成为核心人才的员工实施的具有战略眼光的中长期培养、使用、流动的人才管理策略。随着市场竞争日趋激烈和出版融合发展，出版企业业务快速扩张，人才管理体系建设必须与企业发展同步。因此，我们应当树立在使用中改进、在改进中发展的理念，不断推进出版企业人力资源管理体系的建设和发展。

第五章

出版人才战略实施与调整

出版人才,是指具备较高出版专业知识理论水平和较强的出版专业技能,能够创造性开展出版生产工作,并取得一定成果,对出版单位和出版事业有较大贡献的出版从业者。出版人才按照工作属性,一般可分为专业技术人才、经营管理人才、政工人才三大类。其中直接为出版单位提供生产力的专业技术人才,按照岗位又可分为编辑、校对、印制、数字出版、发行等各类专业人员。

作为文化素质和综合能力较高的劳动者,出版人才是出版单位的第一资源和中坚力量。因此,通过对出版人才的需求预测、环境分析、现状分析、供给预测,从而制定并适时调整人才战略,是出版单位的必由之路和可持续发展的重中之重。

第一节　我国出版人才队伍现状分析

一、我国出版人才队伍的基本特点

党和国家一直把人才培养作为出版事业的第一要务。在党中央、国务院颁布的各项人才发展战略指引下，国家新闻出版行政管理部门先后颁布了《2005年—2010年全国新闻出版（版权）人才工作纲要》《新闻出版业"十二五"时期人才发展规划》等出版人才工作的专项培养规划，在这些顶层制度的指导下，出版行业人才队伍的建设和培养得到稳步发展，取得前所未有的成绩。

从党的十八大开始，出版单位纷纷完成转企改制，实现市场化转型后，出版业发展进入快车道，文化交流与出版贸易日益全球化，出版载体日趋数字化，出版行业对人才培养和需求提出更高要求。特别是党的十九大以来，人民群众对精神消费需求的期待日益向高质量发展，传统出版产业也迎来新的发展机遇，面临新的挑战。党和国家对出版业的管理体制随着产业实践深化改革进行调整，我国出版行业进入新时代，出版人才队伍建设同样也步入新时代。

1. 人才需求多样化

在媒体融合的大背景下，伴随数字化媒体技术的出现，出版人才需求呈现多样性，不仅依然对传统的编辑、文化创意类人才需求旺盛，对印刷包装类、经营管理类、工程技术类、设计艺术类、金融服务类、版权及国际贸易等类人才的需求也在不断增加。

2. 人才来源渠道稳定

出版单位所需人才按照业务属性主要分为专业技术人才、经营管理人才、复合型人才等，人才来源是应届生招聘、社会招聘、工作调动及其他渠道。若按照人才层次，主要分为高级、中级、初级，高层次人才主要通过行业内外引进、调动或长期持续培养而来，中、初级人才主要通过社会招聘与自我培养而来。

3. 人才培养路径多样

我国出版人才培养路径主要有在岗培养、脱产培养、学位教育、选送上级或下派挂职锻炼、出国深造等模式。其中，在岗培养是最重要也是最主要的培养模式，通过课堂讲授、主题座谈讨论、主题实地参观、在线培训学习、仿真系统环境模拟、现场实际操作等方式进行。同时，新闻出版主管部门也针对出版人才的特点，设计了专业技能、政策法规、人事管理、数字出版、市场营销等不同侧重领域的培训内容，并通过打造国家或行业重大人才工程、与高校或研究机构联合组织"产学研"工作、数字化及融媒体项目带动培养等途径，助力出版人才队伍建设。

4. 人才队伍流动比例趋于合理

据统计，多年来出版单位人才队伍总体流动率维持在10%以下。从人才类型来看，专业技术人才队伍的流动率总体较高，超过1/5的出版单位在出版专业人才上的流动率超过了10%；经营管理类人才队伍流动率总体较低，普遍维持在4%以下。从人才层次结构来看，初级及以下层次人才流动最为频繁，此外，高级人才流动也呈上升趋势。

5. 以传统激励手段为主

出版单位对人才的激励主要以级别薪酬、年终绩效奖金、职务晋升等传统手段为主，教育培训激励、股权激励、福利性激励等方式尚未得到足够重视和广泛运用。

二、出版业人才队伍建设中存在的问题

1. 人才队伍建设规划没有得到足够的重视

人才发展规划是人才队伍建设的首要环节与基础性工作，是指导出版单位人才队伍建设的纲领。只有将人才发展规划落到实处，才可能打造出一支有实力、上规模的出版人才队伍。据不完全统计，目前国内出版单位中，完全没有制定人才发展规划的超过四成，正在制定人才发展规划的刚刚超过半数，而已经制定并着手实施人才发展规划的不足一成。据此我们可以发现，人才队伍发展规划尚未得到出版单位的足够重视。

2. 人才队伍结构不尽合理

面对新时代的新挑战，出版单位人才队伍的学历学位结构、性别结构、年龄结构、职称结构急需优化。出版单位大批高学历、高职称、具有丰富从业经验的老一辈人才相继离岗，年轻员工由于培训教育不到位、工作历练不足等因素，无论是知识结构、执业资格能力还是从业经验，都难以独当一面。人才队伍的老龄化依然严重，人才队伍没有形成梯次配备；入选"四个一批""六个一批""文化名家工程""新闻出版行业领军人才""高层次国际传播人才培养计划"等人才领域的人才依然较少，出版业高层次人才队伍建设势在必行。长于新媒体运营、融媒体发展、多种经营、外向型拓展等新兴领域的专业型、复合型人才依然匮乏。

3. 人才政策与机制不够健全

当前出版人才政策与制度不够健全，实施不到位，导致出现人才大量流失的现象。新闻出版主管单位与出版单位的人才政策和制度依然相对保守，缺乏足够的科学性、激励性和吸引力；人才政策和制度在实施过程中存在着激励力度不够、覆盖面不广、操作性不强、执行落实难度大、时效性差等问题。现行的人才激励政策效果有限，激励手段过于单一；中青年骨干的职业发展机会较少，存在按资排辈的现象；薪酬待遇、成长潜力、软环境配套等方面依然不到位。

4. 高校人才培养不能满足行业需要

出版相关学科在大学本科、硕士、博士学段的相继建立，为我国出版行业的发展做出了显著的贡献。但受产业结构调整、体制改革、市场化运作等因素的影响，出版行业的经营模式发生了巨大的变化，高校在人才培养上没有及时跟上出版行业转型发展的需要，导致培养的人才存在动手能力弱、协调沟通能力差、缺少团队合作精神、创新创意能力不足等问题，加之部分高校存在人才培养观念落后、教学内容脱离实际、课程设置不合理、知识陈旧、师资力量薄弱、实践基地数量不足、"产学研"开展不够深入等一系列问题，更难以满足出版行业对人才的客观需求。

第二节 出版人才 SWOT 分析——以出版企业为例

无论是宏观层面的出版行业系统，还是微观层面的出版单位，要想规划科学、合理、有效的出版人才战略，就必须以出版人才的现状作为设计的基础和出发点。而如今出版行业发展迅速，人才数据瞬息万变，加之不同地区、不同出版领域、不同出版单位的具体情况截然不同，无法准确地掌握出版人才的现状。但是，通过文献检索、大量调研、咨询座谈等形式，笔者对国内出版人才现状有了基本的了解，并选择尝试用管理学中经典的 SWOT 分析法，来更加有针对性地展示目前出版人才队伍的现状。

SWOT 分析法源于 20 世纪 80 年代西方企业管理学界，"SWOT"即 strengths（优势）、weaknesses（劣势）、opportunities（机遇）、threats（威胁），SWOT 分析法是在企业内部优势、劣势分析的基础上，结合外部机遇、挑战分析之后形成的结构化的平衡分析系统。SWOT 分析法通常用于行业或企业战略管理，在对内部外部环境综合分析的基础上，设计和部署不同的发展战略。若要对出版人才战略进行规划或者调整，采用 SWOT 分析法不失为一种有效、可行的思路。

一、"S"——出版人才队伍的优势分析

1. 人才素质较高

（1）出版人才普遍具备较高的文化水平

一是表现在学历较高，如今出版从业者基本学历要求为大学本科及以上，特别是编辑岗位的人才，越来越多具备硕士研究生及以上学历；二是由于出版专业有严格的准入资质要求，出版人才的专业技术职称也普遍较高，基本均为中级及以上；三是长期从事某一领域的出版工作，在相关领域具有较强的研究能力和较高的专业水平，能够及时掌握业界动态和最新成果。

（2）出版人才具备较高的政治素养

始终坚持和贯彻正确的政治导向，是每个出版工作者的义务和责任，出版人才作为出版工作者中的佼佼者，不论是在政治理论水平和政治觉悟上，还是在选题策划、编辑出版中对导向的把控上，都具有较高的水平。

2. 人才机制逐步完善

出版单位纷纷在建立健全人才机制上下大力气，把人才工作作为出版单位可持续发展的首要工作来抓，采用不同方式吸引和留住人才。一是多渠道引进优秀人才，通过高校对口专业应届生招聘，面向社会同行业、跨行业招聘等方式，广招人才，特别引进一专多能的复合型人才；二是不断优化绩效考评机制，完善鼓励激励机制，大力开展评优评先，提高人才薪酬福利待遇，鼓励人才开拓创新；三是强化人才教育培养机制，通过"产学研"结合、提供国内外深造机会、组织或参加各种专业培训等方式，不断培养人才、打造人才、成就人才。

二、"W"——出版人才队伍的劣势分析

作为典型的知识密集型产业，出版事业发展的核心要素和最大动力是人才。在数字出版、融合出版蓬勃发展的新时代，出版人才队伍面临着知识结构、队伍结构、考评机制、培养机制等诸多方面的问题，会直接或间接影响传统出版行业转型升级和融合发展的步伐及成败。

1. 人才结构性缺陷

（1）知识结构不够全面

面对以互联网特性为根基的新时代、新形势，传统出版单位以及资深出版工作者多年来形成的思维模式和工作习惯不免相形见绌，不能充分适应时代的需求。传统出版工作者对"互联网+"和全媒体融合发展的意识和理念有所欠缺，利用互联网、大数据、云计算等新技术和移动智能设备开展工作的意识和能力不足，编辑人员查阅、获取资讯的方式和途径较为落后，对读者的互联网用户习惯和移动阅读需求理解不够深入，数字出版和融合出版的理论与实践水平不高；发行人员缺少线上营销、社群营销、粉丝经济、平台运营等知识和技能。除此之外，出版工作者对新时代背景下出版行业相关的，特别是全媒体出版和国际化交流的法律法规、政策环境的学习和运用也有所欠缺。

（2）队伍结构不尽合理

一是全媒体出版人才不足。一方面，出版单位人员岗位的主力军依然是传统图书编辑人员，擅长的领域主要是纸质书的策划和出版，熟悉或擅长数字出版、网络出版、按需出版、融合出版等出版形态的人才较少，具备较强创新、创造能力的高端领军人才更是稀少。另一方面，全媒体出版的组织架构尚未成熟，出版单位往往通过设立数字出版或者新媒体部门，简单地对纸质图书进行内容数字化后，打包出售或者交给第三方运营，将传统图书出版与新兴形态出版生硬割裂开来，工作上"泾渭分明、各自为政"，呈现"两张皮"状态，未能将全媒体出版的理念贯穿于选题策划、产品研发、营销推广等全流程。

二是经营管理人才匮乏。现代出版单位特别是大型出版企业（集团），除了主业之外，市场化、多元化、国际化经营成为出版单位发展壮大的有机力量。无论是"出版+"还是"+出版"，以"大文化"理念拓展产业版图，已经成为出版单位提升竞争力，不断做强做大的必由之路。多数出版单位中，懂出版、善经营的复合型人才较为缺乏，而了解市场、精于拓展产业的高级管理人才更是凤毛麟角。此外，在国际化背景下，"引进来、走出去"早已成为出版事业发展的重要方向，版权引进与输送、跨国出版和文化合作交流愈来愈频繁，而具有国际视野、了解国际出版及文化市场、掌握国际化规则、善于国际化运作的人才，自然成了出版单位必须和急需的人才。

三是人力资源管理能力薄弱。在出版单位转企改制的背景下，人力资源部门多为单位原有的人事处（科）更名而来，或者从其他行政部门如办公室中分离出来，甚至还存在部门职责和人员依然由其他部门所属或者兼任的情况；人力资源部工作人员多为"半路出家"，缺乏专业和系统的教育或培训，人力资源管理理论水平较低，缺乏实践经验，相较于工业、金融、互联网等行业，基础十分单薄，不利于出版企业开展人才招聘、培养、储备、选用等人力资源建设，无法为出版企业的长久发展提供人才和智力支持。

2. 绩效考核与激励机制尚不完善

（1）绩效考核机制滞后

出版单位大多沿用传统的、原有的绩效考核机制，而这种老办法往往针对的是传统图书出版业务，面对新形势下的多种出版形式，譬如前期投入大、周期长、收效慢、产品形式多样的数字出版，老办法自然失去了合理性和适用性，不仅无法客观、科学地评价工作业绩，也不利于吸引和留住人才。

（2）激励机制单一

出版单位原有的激励机制普遍存在单一、粗放的问题，机械地以经营任务为指标，采用单一的工资、绩效奖金等物质方式激励员工，未能建立起包含绩效薪酬激励、成长激励、项目激励、精神激励、福利激励等方式在内的人才激励体系，不利于出版单位人才队伍发展壮大，不利于形成干事创业的工作氛围，不利于推动出版事业良性循环发展。

3. 人才教育培训存在诸多短板

（1）高等教育不够成熟

虽然目前我国内地已经有超过 69 所高等学府开设了编辑出版相关专业，但无论是从课程设置、培养方向、教学方式，还是从师资力量、软硬件条件等方面，都仍处在探索与起步阶段，尚未形成成熟的人才培育模式。按照以往的经验，出版单位招聘高校毕业生，主要出于本单位专业领域出版方向的考量，从相同或者相近专业中选择毕业生，而真正学习出版编辑相关专业的学生往往没有较强的竞争优势，也就是说，出版单位通常会选择"专才"予以日后培养，而放弃了学习研究出版领域的"通才",这恰恰也是出版专业高等教育应该思考的问题。无论是本科学段,还是硕博研究生学段,依然停留在重知识轻能力、重继承轻创新的教育模式上,学生的知识结构和实践能力都与出版单位对人才的要求相去甚远。此外,"产学研"联合培养模式依然处在"嗓门大、动作小"的尴尬境地,很多院校、出版企业在"挂牌"之后,就鲜有举动了,人才孵化平台建设也常常停留在理论层面。

(2) 行业培训严重不足

从出版行业培训的总体情况来看,无论是国家、地方还是系统内部组织的专业培训,培训的内容、层次和类别依然不尽合理。普遍存在重理论轻技能、重灌输轻探讨的问题;人员参加培训学习的选择余地小,不能按照实际工作需求选择课程;内容创新性不高,前瞻性不强;培训内容仍旧有一刀切、一锅煮现象,不能完全按需施教。例如国家和省上的职业资格继续教育培训是相关从业人员必须参加的培训,但其参训人员和培训内容涉及新闻、出版、发行、广电、网络等多个领域,并没有按照某一领域的专业特点,分门别类地、有针对性地设置培训内容;同时,其培训内容存在陈旧落后、水平层次区分不明显的问题。

出版单位在开展培训教育上也存在诸多问题:常规性培训多,创新性培训还不够;单一性培训较多,复合性培训较少;出版单位用于培训教育的经费较少,参与高端教育培训的能力有限;未针对每个群体的实际情况,有针对性、创新性地制定培训方案,主动"送出去"的培训较少;教育培训方式方法缺乏创意,充分利用互联网、新媒体等渠道和方式组织教育培训的能力不足；对教育培训的培训效果评价机制不完善，培训的作用发挥还不明显，许多时候强调自觉遵守纪律多，监督检查少，缺乏对培训效果的评价和跟踪管理；培训效果的运用还不到位，培训工作未能与个人薪酬待遇、岗位晋升等机制有机挂钩。

三、"O"——出版人才队伍的机遇分析

新时代的到来，出版人才队伍的发展壮大也迎来新的历史机遇。宏观政策环境前所未有的利好形势，以及人民群众文化需求和精神消费的逐渐升级，为推动出版人才队伍建设奠定了深厚的基础，提供了广阔的发展前景。

1. 人才政策利好

（1）宏观政策环境

宏观政策层面，以 2003 年 12 月中央牵头各部委成立人才工作协调小组，出台《中共中央、国务院关于进一步加强人才工作的决定》为标志，人才强国战略正式成为国家基本战略。2010 年 6 月，中共中央、国务院印发了首个全国人才工作的指导性文件《国家中长期人才发展规划纲要（2010—2020 年）》，这也是我国第一个中长期人才发展规划，是实施人才强国战略的重大举措，旨在激烈的国际竞争中赢得主动的战略选择，对于加快经济发展方式转变、实现全面建成小康社会奋斗目标具有重大意义。

党的十九大的胜利召开，是中华民族的伟大转折点，标志着新时代的开端，具有里程碑式的意义。党的十九大提出的坚定文化自

信,"文化建设是灵魂",以及从"四位一体"到"五位一体"的总体布局更新,无疑为推动文化繁荣、新闻出版业蓬勃发展注入了一针强心剂。党的十九大报告中提出的"人才是实现民族振兴、赢得国际竞争主动的战略资源"以及"加快建设人才强国",更预示着人才工作迎来了最好的时代。

(2)行业政策环境

行业政策层面,从 1998 年国家新闻出版总署发布《新闻出版行业"跨世纪人才工程"纲要》开始,伴随着国家五年规划建设,新闻出版系统先后发布了数十个行业人才队伍建设文件。为顺应时代变革,2014 年 8 月,中央全面深化改革领导小组第四次会议审议通过了《关于推动传统媒体和新兴媒体融合发展的指导意见》,随后国家新闻出版广电总局于 2015 年 4 月出台了《关于推动传统出版和新兴出版融合发展的指导意见》,对传统出版和新兴出版融合发展人才培养规划、建立融合发展人才资源库、"产学研"人才联合培养等方面提出了明确的目标和方向。接着,2016 年,国家和地方相继出台了新闻出版业"十三五"发展规划,都将人才战略和人才培养作为工作的重中之重。

近年来,我国文化体制机制改革已取得突破性进展。多个深化文化体制改革的政策相继出台,多项推进公共文化机构法人治理结构改革、基层综合性文化服务中心建设的重点措施得以落实,文化扶贫工作也取得了重大进展。在文化市场改革方面,政府进一步简政放权,推行了一系列融资举措,鼓励文化类企业进入市场,进一步减轻了企业负担,释放了市场活力、主体动力和社会潜力,也为出版单位引进和培育人才创造了一片沃土。

2. 出版行业发展势头喜人

（1）出版行业前景光明

在建设文化强国和全面建成小康社会的宏伟背景下，整个出版行业迎来了重要的发展战略机遇期，也为出版人才提供了难得的历史发展机会。目前，虽然国家对出版物的年生产总量进行了进一步规范和限制，但是我国每年出版物总量依然向着500亿册（份、盒、张）大关迈进，其中，出版图书超过100亿册，图书年定价总额超过2000亿元，年出版新书品种超过25万；截至2018年底，全国共有出版社585家（包括副牌社24家），其中中央级出版社219家（包括副牌社13家），地方出版社366家（包括副牌社11家）。随着文化体制改革不断向纵深发展，出版产业在跨界融合、流通传播体系转型升级、"走出去"、健全完善市场化体制机制等方面的步伐会逐渐加快，为出版人才施展才华提供了更为广阔的天地。

（2）新兴出版发展迅猛

在传统图书出版行业稳步发展的同时，新兴出版业态以持续迅猛的势头快速生长着，出版形态的巨大变革是出版业的未来之势，与之相伴的出版技术手段、出版物产品形态、传播途径及渠道的多样化与多元化，为出版人才队伍的发展壮大提供了广阔的前景和方向。

以数字出版为例，根据最新数据，2018年国内数字出版产业整体收入规模再创新高，达到8330.78亿元，比上年增长17.8%。其中，互联网期刊收入达21.38亿元，电子书达56亿元，数字报纸（不含手机报）达8.3亿元，博客类应用达115.3亿元，在线音乐达

103.5亿元，网络动漫达180.8亿元，移动出版（移动阅读、移动音乐、移动游戏等）达2007.4亿元，网络游戏达791.1亿元，在线教育达1330亿元，互联网广告达3717亿元。截至2021年，中国数字出版博览会已经成功举办了11届。此外，随着数字出版相关法律法规、政策支持，以及从中央到地方各级数字出版项目、平台和基地的建设实施，无疑会成为推动出版人才队伍建设的新路径。

3. 出版人才管理体系日益健全

（1）出版人才工程稳步推进

出版人才工程是国家人才战略和人才工程格局下的一个重要分支，从20世纪90年代开始逐渐发展完善至今，已经将近30个年头。通过设立中宣部"四个一批"人才、中国出版荣誉纪念章、全国新闻出版行业领军人才、中国百名有突出贡献的新闻出版专业技术人员、新中国60年百名优秀出版人物、中国百名优秀出版企业家、中国出版政府奖优秀出版人物奖、全国新闻出版系统先进工作者和劳动模范称号、新华功勋，各地"五个一批""六个一批"人才等出版行业人才库与行业荣誉，我们能够清晰地看到从中央到地方，出版人才工程建设在人才工作中的重要地位。随着出版人才工程的稳步推进，出版行业人才评选的规模呈逐渐扩大之势，人才评选的类别、标准、要求、规格也更加细致和规范。

（2）职业资格管理制度逐渐完善

出版行业作为政治性、专业性较强的行业领域，始终严格执行资格准入制度和职称级别制度。出版职业资格登记与责任编辑注册，既是出版专业技术人员执业的准入制度，也是改进出版人才评价方式、促进出版人才队伍建设发展的重要举措。各出版单位在实践中，也纷纷严格执行了持证上岗、定期培训、资格动态管理的人员资质制度，按照人才资质类别和水平进行人岗相适管理。近些年，国家进一步完善了出版专业准入资格和职称级别的取得方式，有效改善了民营出版单位、少数民族地区从业者取得相关资质较难的问题，既繁荣了出版事业，也壮大了出版人才队伍。

四、"T"——出版人才队伍的威胁分析

出版人才队伍面临的威胁，归根到底来自新时代背景下的社会生产力和生产关系的变化。互联网和通信技术的迅猛发展，日益激烈的全球化浪潮，冲击着经济社会生活的各个领域、各个行业。出版行业自然不能幸免，也迎来了巨大的挑战和威胁。

这种威胁，从内因角度说，是新兴技术所带来的新兴出版技术和业态，致使出版人才面临着本领恐慌，这一点已经在前面"W"——出版人才队伍的劣势分析中讲到过。而更严重的威胁来自外部客观因素，即伴随新兴技术应运而生的新兴行业、行业政策的调整以及全球化浪潮，通过多米诺效应，给出版人才队伍建设也带来了种种不利影响。

1. 新兴技术及新兴行业的冲击

（1）新兴技术的影响

从 20 世纪末开始，计算机技术、互联网技术、移动通信技术迎来了高速发展期，给全球经济文化带来了革命性的巨变。新兴技术进入出版领域后，改变了出版物传统的生产方式和传播方式，极大

地丰富了出版的内涵和外延，数字出版、融合出版等新兴出版应运而生并不断发展壮大，本身也给传统图书出版带来了深刻影响；加之近年来兴起的云计算、AI（人工智能）、5G通信、AR、VR等技术，无人化、智能化、即时化出版已经不只是理论上的可能，谷歌、腾讯、百度、京东等大型互联网企业，已经率先将云计算出版、AI出版、AI编辑应用于实践。这些新技术带来的出版行业变革，对传统出版人才而言，不仅是工作能力的挑战，更是生存空间的挑战。

（2）新兴行业的冲击

在这个"你连对手都还没搞清楚，就已经被打倒了"的时代，如果说新兴技术"蚕食"的是传统图书出版领域，那么伴随新兴技术产生的新兴行业，冲击的则是整个出版行业版图。近些年，兼具"内容""文化""创意"三者属性的内容产业（或称内容资源产业、文化创意产业等）异军突起，成为国家乃至全球经济新的增长点，与此同时，数字内容服务、知识付费服务、智库服务、文化创意服务等形态应运而生，其特性同样以内容为核心，但是将知识、资讯等内容资源跳过出版领域，根据服务对象的不同属性和需求，利用多媒体融合、跨行业整合、全媒体传播等方式，生成个性化、定制化的产品，直接作用于实践。相比从出版物获取信息指导实践，或者从出版物衍生其他产品形态，内容产业的产品服务更加及时、便捷和高效。最为直接的例子，莫过于如今越来越多的行业专家、文化学者放弃了写作出书，而是直接将研究进展和个人成果通过在网络平台上直播、发布录制音视频等方式呈现出来，传播效率和受众范围远远超越了出版物，不仅扩大了内容资源的社会影响，更为从业者和内容作者本身带来了丰厚的经济利益。在这种趋势的冲击下，出版行业不仅难以引进人才，更容易出现人才的流失。

2. 部分政策红利减退，人才吸引力弱化

过去很长一段时间，在国家相关政策的推动下，教材教辅的出版与发行基本是传统出版行业的支柱产业，是出版行业最大的利润来源，也使出版行业的薪资待遇具有较强的吸引力和竞争力。随着文化体制改革、教育改革不断向纵深发展，原本对出版发行行业的政策红利正逐步减退，出版行业将进一步走向市场、面对市场，接受市场更大的考验。一方面，文化体制改革强化了出版单位的市场主体性，使出版单位接受市场规则，参与市场竞争，减弱了原有的教材教辅出版发行、税收等倾向性利好政策，导致出版单位经营利润相对缩水；另一方面，国家大力推行教育改革，实施了教育减负、下调教材定价、课本免费等举措，进一步影响了传统出版行业的利润水平。出版行业整体利润水平由此失去了过去的优势，行业薪资待遇的吸引力和竞争力也自然弱化，不利于吸引和留住人才特别是高端人才。

3. 国外资本涌入，国际人才争夺加剧

在全球化浪潮的大背景下，出版行业参与国际竞争的趋势已是常态。从 21 世纪初开始，越来越多的外资涌入国内，进入我国出版和发行领域，培生集团、兰登书屋等国际出版巨头，以及诸多国际出版机构，采取参股、合作策划、合作出版、版权贸易等方式，参与到出版领域；而贝塔斯曼、亚马逊等国际图书零售巨头也早已在我国图书发行领域分了一杯羹。之后，随着我国 WTO 保护期届满，国内书报刊发行领域将逐渐对国际全面开放，加上国与国之间日益频繁的版权合作与交流，国外资本或外企对国内出版人才的吸引力是不言而喻的，这无疑加剧了国家之间对出版人才的争夺，给我国出版人才队伍建设带来了新的挑战。

第三节　出版人才战略的设计与实施路径

一、建立出版人才"SWOT"战略矩阵

通过以上对"SWOT"各要素的甄别、分析、评估、预测，按照"SWOT"战略矩阵模型，可以得出"SO"（积极增长型）、"ST"（多元开发型）、"WO"（重点扭转型）、"WT"（全国防御型）四种人才战略类型，供实施方参考并进行动态调整。

1．"SO"型——积极增长型战略

综合出版人才队伍的内在优势和外在机遇，不断提升人才队伍专业素质和政治素养，进一步完善人才引进、评价、激励、培养机制，利用政策和行业利好，扩大原有优势。

2．"ST"型——多元开发型战略

充分发挥内在优势，积极应对外部威胁，顺应时代发展，提升出版人才运用新兴技术的能力，降低新兴技术及行业的冲击，引进和培养经营管理人才，不断提高行业竞争力和人才吸引力。

3．"WO"型——重点扭转型战略

借助有利机遇，扭转自身劣势，不断提升出版人才运用新兴技术的能力和复合型素养，引进和培养掌握全媒体出版能力、擅长经

营、熟悉人力资源管理的人才，优化高等教育和行业培训。

4."WT"型——全面防御型战略

针对自身劣势和外部威胁，逐一击破问题、补足短板，重视针对新兴技术的教育和培训，建立健全绩效考核与激励机制，减少人才流失，提高抗风险能力。

以上四种人才战略类型如表 5-1 所示。

表 5-1 出版人才"SWOT"战略矩阵

内部因素	"S"（优势）	1. 人才素质较高 2. 人才机制逐步完善
	"W"（劣势）	1. 人才结构性缺陷 2. 绩效考核与激励机制尚不完善 3. 人才教育培训存在诸多短板
外部因素	"O"（机遇）	1. 人才政策利好； 2. 出版行业发展势头喜人； 3. 出版人才管理体系日益健全
	"T"（威胁）	1. 新兴技术及新兴行业的冲击 2. 部分政策红利减退，人才吸引力弱化 3. 国外资本涌入，国际人才争夺加剧
战略矩阵	"SO"（积极增长型）	不断提升人才队伍专业素质和政治素养，进一步完善人才引进、评价、激励、培养机制，利用政策和行业利好，扩大原有优势
	"ST"（多元开发型）	顺应时代发展，提升出版人才运用新兴技术的能力，降低新兴技术及行业的冲击，引进和培养经营管理人才，不断提高行业竞争力和人才吸引力
	"WO"（重点扭转型）	不断提升出版人才运用新兴技术的能力和复合型素养，引进和培养掌握全媒体出版能力、擅长经营、熟悉人力资源管理的人才，优化高等教育和行业培训
	"WT"（全面防御型）	重视针对新兴技术的教育和培训，建立健全绩效考核与激励机制，减少人才流失，提高抗风险能力

综合对比上述四种类型人才战略，我们发现，四种人才战略虽然侧重点不尽相同，但是具有很多相同或者类似的战略举措；同时，战略的实施主体虽也有所区别，但都不是只靠一类主体就可以完成实施的，都包含了国家（行业）、出版单位、教育机构三个层面的主体。

因此，制定和实施合理、科学、成熟的出版人才战略，不应单单是出版单位努力的事情，应该是国家（行业）、出版单位、教育机构共同发力而为之。下面，从国家（行业）、出版单位、教育机构这三个主体出发，以建立多元化的人才战略为目标，探讨出版人才战略的设计与实施。

二、国家（行业）层面战略措施

出版事业是党的事业，是我党意识形态和宣传思想文化工作的主阵地，而出版人才正是主阵地上的排头兵。因此，一直以来，党和政府非常重视出版人才队伍的建设工作。面对新时代的新情况和新问题，国家和地方各级党政主管部门要把大力推进出版人才队伍建设作为施政的重要内容来抓。为了更好地发展出版事业及出版人才队伍建设工作，国家或行业层面应出台制定相关扶持政策。

1. 强化政策制度建设

（1）进一步健全职业资格和职称评审制度

强化对出版人才准入资格和水平的评定标准和程序，保证出版人才队伍的高水平、高素质、高门槛，有助于提高出版人才队伍的整体素质。同时，为更好地推进民族政策和文化体制改革落到实处，要进一步支持少数民族地区、民营出版单位相关从业人员参与准入资格考评和职称评审,推动少数民族、非公有制出版单位人才队伍建设。

(2)逐步完善出版人才引进政策

扩大对人才特别是对掌握前沿理论和高新技术的高端人才的引进力度,不断完善人才引进配套就业、福利待遇、落户、子女教育的政策性支持,强化宏观调控,推动建设出版市场公平竞争和充分自由选择的人才流动机制,为引进国内外、行业内外人才创造优良环境。

(3)建立健全出版人才退出机制

无论是从健全出版人才政策角度,还是从严格出版人才管理角度,建立健全出版人才退出机制都应是题中之义。在把好出版人才职业资格和职称评审制度等"进口关"的同时,也要设计好出版人才队伍的"出口关",加强出版人才执业的监管力度,约束好出版人才的导向功能和从业行为,对于因为从业重大过错或者由于主客观原因无法正常履职的出版从业者,要建立适当的退出机制,使其从出版人才队伍中退出,从而建立起能进能出、能上能下、公平合理、公开透明的出版人才监管体系。

2. 加大扶持资金投入

如前所述,出版事业是党的事业,出版人才是我党执政的重要资源和抓手,出版人才是高素质、专业化的人才,其引进、培养、管理都需要较大的资金支持,因此,党和政府应加大对出版人才专项资金的投入。一方面,各级文化产业项目和人才建设专项资金都应将出版人才培养纳入范围之内,并适度倾斜,把好专项资金的使用关，设计科学合理的资金分配方案，把资金重点用于国内外高层次、专业化的交流培训和出版人才库的建设管理上；另一方面，通过加大对各类、各级出版项目的资助，让更多人才通过项目引领作用，获得更多的历练和更快的成长，助推出版人才团队梯队建设，打造团队品牌效应，从而间接支持出版人才队伍的建设，真正做到"资尽其用、资尽其能"。

3. 大力推进出版人才工程建设

党和政府应坚持以构建成熟的出版行业人才库为目标，通过不断健全完善人才选拔、考评机制，大力推进出版人才工程建设步伐。在人才选拔过程中，对宣传思想文化系统"四个一批""五个一批""六个一批"人才的评选，要更加突出人才的时代性、标杆性；在行业领军人才、"百千万人"计划的设置上，要按照不同类型、层次、功能加以区分，要更加凸显人才的引领性、专业性。同时，通过举办各种专业性较强的职业技能竞赛、设置含金量较高的行业奖项等方式，丰富选拔人才的渠道和路径，助力人才脱颖而出，既要做到"三倾斜"（向一线员工倾斜，向新技术人才倾斜，向创新创造倾斜），也要做到"三不唯"（不唯学历，不唯职称，不唯资辈），从而为出版事业打造一个制度完善、管理科学、公正透明、流动灵活、竞争充分的人才"蓄水池"，保证出版人才队伍和出版事业的可持续发展。

4. 加强行业教育培训

出版行业的教育培训，一定要紧扣时代要求、突出出版行业的特点，行业主管部门在举办行业专题培训或者开展出版专业继续教育时，一是要注重出版人才的意识形态教育，不断提高出版人才作为意识形态阵地排头兵的意识和能力，始终把为党和国家做出版、为人民群众做出版、为社会主义与共产主义事业做出版作为职业理想信念，不负出版使命与担当。二是要通过精心设计或调整更具针对性、实用性、前瞻性的培训内容，丰富和完善培训的方法和形式，不断提升出版人才的文化素质、专业技能，特别是对新兴技术、新兴产业的理解和把握，扩展出版人才的知识结构，在培养复合型出版人才上下大力气。三是要加大对民营出版单位和少数民族地区出版人才的培训力度，要有针对性地强化意识形态和专业技术上的培训，实现新时代中国特色社会主义出版事业的全面发展。此外，党和政府要积极指导、联合、鼓励各种相关行业协会、专业机构参与人才培训工作，形成专业、高效的行业培训体系，从而全面提升出版人才队伍的整体素质。

三、出版单位层面战略措施

出版人才队伍建设是出版单位不断发展的重要基础、主要工作和基本责任，因此，出版单位既是出版人才的"用武之地"，也是出版人才队伍建设最重要的实施主体。由于出版单位承担了出版人才队伍建设的大部分内容，出版单位怎样设计和落实人才战略，是出版人才队伍建设成败的关键。出版单位应该高度重视出版人才战略研究与规划，由一把手牵头，明确责任分工，不断加强制度建设，加大人才建设投入，精心设计培养内容与培养模式，确保人才战略在出版单位发展战略中的核心地位。

1. 面向未来，打造新时代人才队伍

面对已经到来的新时代，出版单位应当拿出勇担新时代出版事业重任的决心和信心，推动我国出版事业继续蓬勃发展，实现出版单位跨越式发展。无论单位规模和出版领域，出版单位的人才队伍都应至少包括以下五类人才：

（1）新兴出版领域人才

这类人才指的是熟练运用新兴技术、全媒体渠道，精通内容资源运作的出版人才。一是具有较强的数字时代意识，能够将互联网思维、全媒体思维贯穿于出版物选题策划、资源搜集整理、生产制作手段、产品呈现形态、推广营销等出版全流程；同时，要不断扩大对出版物内涵和外延的理解，出版物产品不应单纯聚焦在图书及其相关数字产品，要用 IP 化、版权化的概念去理解出版物，如今不少出版单位取得了互联网媒体、网络游戏、电影电视摄制等资质，也就意味着出版单位的产品将向网络文学、游戏、动漫、影视剧等方向延伸，对人才眼界和能力的要求也自然随之扩大。二是具备运用新兴技术的能力，既可以是熟练掌握新兴技术，也可以是能够辨别和选择新兴技术为出版所用，清楚何种产品适合采用何种新兴的生产手段、呈现形式及传播手段。三是具备"跨界"的综合知识体系，也就是懂得内容资源的跨领域开发，以内容为核心和起点，构建大文化产业版图，在文化教育、文创产品、文化旅游、文化地产等领域拓展，实现"出版+"或者"+出版"。

（2）复合型经营管理人才

在文化体制改革朝纵深发展的今天，出版单位大多已经完成转企改制，并朝着集团化、资本化方向发展。一方面，现代企业制度在出版单位的确立，意味着传统的经营管理理念与方式已经不能充分适应需要，因此，打造知识结构全面、能力结构多样、熟悉出版业务、善于企业管理的复合型人才队伍，成了出版单位的必由之路，也是出版单位领导者的发展方向；另一方面，出版单位的股改以及上市，标志着出版单位的发展方向和竞争领域已经远远超出了出版主业范围，这就需要大力引进和培养精通多元化产业发展，熟悉资本运作和战略投资的人才，不断提升出版单位的经济实力和市场竞争力，也为做大做强出版主业奠定坚实的基础。

（3）人力资源管理人才

在出版单位，特别是现代企业制度健全的大型出版企业，出版人才队伍建设正是人力资源管理的主要内涵。从出版人才需求的调研分析，到人才战略的设计制定，再到对人才引进、招录、考核评价、晋升、选拔、教育培训等人才战略实践，都是人力资源管理的职能所在。出版单位需要的人力资源管理人才，既要具备专业的人力资源管理能力，也要了解出版人才的特点和单位的实际需求，是出版人才队伍建设的主导者和落实者，需要扎实的理论基础和丰富的工作经验才能胜任。此类人才是出版单位难得的也是紧缺的人才。

（4）国际型人才

面对势不可当的全球化浪潮，出版业务的国际化趋势成为出版单位在发展壮大中必须面对的挑战。出版单位的国际化事业，也早已不是简单的出版物交易和版权贸易，而是包括出版资源、资本运作、学术、人才等内容的全方位合作与竞争。因此，出版单位要着力引进和培养具备全球视野、了解多元文化、熟悉国际市场形势和制度规则的专业人才，不断拓展出版事业版图，提高国际竞争力。

（5）出版大师、名家

出版大师和名家，是能够创造性地开展出版工作，对出版单位、出版行业甚至国家与世界都有巨大贡献的顶尖人才。党和政府从国家层面设置了"四个一批"、领军人物、出版名家等不同类型的出版人选拔，正是为了发挥出版人才在出版事业中的引领示范作用。而从出版单位角度出发，培育出版大师或名家，不仅是出版工作出色的结果，也是繁荣发展出版工作的路径。出版大师名家为出版单位带来的不仅是丰硕的出版成果，更带来了具有品牌效应的巨大影响力，代表出版单位的实力和形象，是出版单位的重要资源和宝贵财富。

2. 做好顶层设计，不断完善人才制度建设

（1）拓宽人才引进和使用渠道

一是加大引进人才的力度。大部分国有出版单位在人才引进上可能会受到干部制度、用人政策等体制机制的限制，但还是应该主动争取政策支持，在政策框架内，通过设置有竞争力的薪酬福利、激励机制和执业环境，面向社会，吸引出版行业内外专业水平高、复合能力强、国际视野开阔的高端人才，并积极探索职业经理人制度。二是加大对高校毕业生的招聘力度，高校毕业生虽然在实践经验上较为缺乏，但是经过高等教育的训练，理论水平较高，学习能力强，知识结构全面，干事创业的精气神充沛，具备日后培养成出版人才的潜质，出版单位可以根据单位发展的实际需求，设置专业背景和学历水平要求，坚持"非硕莫入"等要求，采用较高的选人标准和门

槛，招聘可塑之才进行重点培养。三是建立健全灵活、高效的人才使用机制。近年来，"租用人才"和"工作室合作"等新兴用人模式在出版单位中逐渐推广开来。其中，"租用人才"是通过采用兼职、聘请、项目合作的方式，与单位外高端人才建立合作关系；"工作室合作"指的是出版单位在内部组建具有较高独立权限的工作室，或者与外部出版策划工作室合作，也能起到培养、训练、交流人才的作用。出版单位应该充分尝试探索新兴人才使用机制，既能提高人才利用率和工作成效，又能降低单位人力成本。

（2）推进绩效考核机制改革

根据新时代新形势的要求，改革出版单位传统的、原有的绩效考核机制。一是根据岗位的特性、层次和不同要求，设置有针对性的考核内容和评价标准，特别是对数字出版、融合出版等新兴出版业态，设计科学合理的考核手段，不做"一刀切"式的绩效评估。二是建立公平公正的用人机制，坚决把"同工同酬"落到实处，坚持工作成效导向，避免由于人员身份不同而造成的薪酬待遇差别，在绩效评价、待遇福利、晋升和培训机会上坚持一视同仁。三是大力完善和实施"三项机制"，针对单位实际，科学制定和分配工作任务，推行目标考核责任制，确保赏罚分明，将鼓励激励、容错纠错、能上能下落到实处。

（3）不断健全激励机制

激励机制是出版单位人才建设的重要环节和主要措施之一，通过科学、有效、可行的激励手段，能够最大限度地推动出版单位人才队伍的发展壮大，形成干事创业、精气神饱满的良好工作氛围，有利于不断推动出版事业良性循环发展。根据管理学理论与出版单位发展实践，较为健全的出版人才激励机制，除了包含物质性激励、晋升激励、精神激励等传统激励措施之外，还可以根据实际增加社保性福利激励、股权激励、生活性福利激励等近年来比较盛行的激励方式，从而更好地吸引和留住人才。在激励内容的具体设计上，应该坚持正负激励相结合，对表现优异、贡献突出的员工进行正向激励的同时，对工作态度不端正、业绩不佳、工作存在过失或错误的员工，予以岗位调整、延缓晋升、降职甚至解聘等处理，避免在员工中形成"干好干坏都一样"的不良氛围。

3. 建立人才库，为出版单位源源不断输送人才

人才库对于出版单位而言，是保证可持续发展的动力源；对于出版从业者而言，不仅是人才诞生的摇篮，更是成为人才的标志。人才库建设不应仅仅是国家或行业层面的人才队伍建设内容，更应该是出版单位开展人力资源管理的重点工作。出版单位应在开展人才库建设时，注意分类储备和系统培养，针对不同年龄段、层次、方向，设计不同类别的人才库，根据单位实际，保证每个年龄段保持稳定的后备人才数量。其中，要重点制定年轻人才选拔培养计划，建立优秀年轻人才库，下大力气培养和选拔一定规模的优秀年轻人作为单位发展的后备力量，搭建平台让年轻人才脱颖而出，为出版单位各项工作提供智力支持和人才保障。

4. 做好在职培训，不断强化人才培养路径

（1）完善培训内容建设

一是要强化意识形态教育，前面已经提到，出版人才是意识形

态工作的排头兵，打铁必须自身硬，出版人才必须具备过硬的政治素养，需要出版单位在培训内容设计上，不断强化对员工的政治理论教育，让员工能够深刻领会党和国家的路线方针政策，并将其贯彻落实到出版工作和出版成果中。二是要着重加强新兴出版技能的培训，使传统出版人才尽快树立数字化、网络化意识，不断提升数字出版、融合出版等新兴出版的理论水平和实践能力，实现一元出版、多元开发。三是要重点开展企业经营管理方面的培训，提升出版人才的企业管理、多元化经营、人力资源管理、国际化等方面的能力水平，培养更多的高端复合型人才。

（2）优化培养方式

首先，由于在职培训在阶段上可以分为入职培训、常规培训、进修培训三种模式，出版单位根据实际，应当明确不同阶段的培训所要达到的目的和效果。入职培训旨在对刚入职的员工进行基础理论知识、岗位技能、企业文化、价值观取向等教育，便于员工尽快适应岗位需求，进入职业角色；常规培训是指在职员工按照国家和单位的要求，定期定量接受由国家（行业）层面或者单位层面组织的专业继续教育或综合能力培训，旨在提升业务理论水平和工作实操能力；进修培训是成为出版人才的必要条件和标志，通常是出版单位为重点培养对象量身打造的针对性较强的、水平层次较高的教育培训机会，能够帮助员工快速实现能力和价值飞跃，将其培养成为出版单位的后备人才和中流砥柱。同时，要重视培训效果的评估和运用，将各阶段培训与个人薪酬待遇、岗位晋升等机制挂钩，比如入职培训结束时的考核测试直接与入职人员试用期评估、转正定级直接挂钩，专业技能等常规性培训结果直接与岗位和工资待遇挂钩，进修培训的效果直接与晋升、提拔挂钩，等等。由此使员工从"要我学"的被动意识转变为"我要学"的主动意识，形成主动学习、自我提升、要求进步的良性氛围。

其次，教育培训形式上一定要多样化。一是组织员工参与单位自行举办的或者业内组织的关于业务技能的培训课程、讲座、交流论坛等培训项目，提升员工某一专业能力或者复合型能力；作为出版单位最常规、最多使用的培训形式，重点在于加大教育培训资金投入，提高培训的质量和层次。二是安排员工到行业内外先进单位学习、交流、进修，有助于人才快速学习业内外先进经验并为己所用，这种形式适合自身素质较高的重点培养对象。三是输送员工到国外进修、交流，开阔眼界，提升国际化意识水平和业务能力，进而提升出版单位开展国际业务的实力。四是加强与高校及研究机构合作，推动"产学研"模式进化，鼓励员工进行学历性深造、学术交流，提升出版研究、理论与实践相结合的水平，实现"多赢"。五是大力推广"传帮带"培养模式，出版单位的"传帮带"是出版人才队伍建设的优良传统和宝贵经验，这种"一对一"的培育方式，在出版资源和出版能力的传承方面具有巨大的作用，有助于出版单位人才队伍质量的稳定和提升。六是开展内部交流轮岗，比如传统图书出版岗位与数字出版岗位人员的交流、业务岗位与行政管理岗位人员的交流，能够有效提升员工驾驭新兴出版的能力与复合型能力。七是建立学习型组织，学习型组织是近年来比较流行且有效的自我培训形式，通过强化员工普遍学习、终身学习的意识，使员工能够自觉地利用工作、生活中的任何时间，采用网络化、碎片化的学习手段，以个人自学、集体交流等不固定的形式，实现人才个性化的成长。

四、教育机构层面人才战略措施

这里所说的教育机构，主要指的是开展出版相关专业学科教育的高等院校，而其他诸如研究机构、民营培训机构等具有教育职能的机构已在国家（行业）层面、出版单位层面中探讨过了，在此不再赘述。

出版相关专业，作为学科性、专业性、功能性较强的学科，纳入高等教育范畴是必不可少的，虽然我国相关学科建设起步比较晚，但是发展较快，如今已经有超过69所高校开设了出版相关专业，学历层次也早已达到了博士研究生学段。虽然如前面"W"（人才劣势分析）中提到的，出版相关专业的高等教育存在诸多问题，但不可否认的是，高等院校作为学术性、教育性最强的主体，依然是培养出版人才不可或缺的基础性力量。面对新时代社会主义出版事业的建设要求，面对出版单位的人才需求，高等院校如何培养专业人才，已成为亟待解决的问题。

1. 精心设计课程内容

（1）强化意识形态教育

出版人才在意识形态领域的重要性在前面已经多次提到，高等院校既有开展意识形态教育的义务和责任，同时也具备开展意识形态教育的优势。一方面，高校教师普遍理论知识水平较高，学术研究和授课能力较强，师资队伍强大；另一方面，高校学生正处在世界观、价值观、人生观最终形成的阶段,可塑性较强。高等院校应该将马克思主义新闻出版观贯穿于整个高等教育的始终,以此为基础,强化出版伦理教育,培养学生形成投身出版事业的责任与使命感、光荣和自豪感。

(2)丰富专业课程内容

根据时代的变化和出版单位的需求,高校需不断丰富出版相关专业的知识结构,提高学生的综合能力。根据出版学科专业理论,出版专业具有文明性、编校性、科技性、传播性、经管性、实践性六大特征。以往高校在专业设置上,主要培养的是编辑、印制、发行、出版管理等传统出版业各领域、各环节的从业人员,专业内容相对狭窄。面对新时代的需求,应该着眼于出版相关新兴技术、新兴业态的发展,增加或完善有关内容策划创意、新兴出版、线上推广营销、版权贸易等方面的教学内容或专业设置,在此基础上,通过更高层次的硕博研究生教育,打造培养专业细分领域专家和复合型通才的路径。此外,高校可以通过聘请业内专家学者、资深从业人员,采用兼职授课的方式,强化师资力量。

2. 大力推动"产学研"模式改革

出版工作固有的强实践性,要求出版人才不仅应该具备较高的理论知识水平,也应该具有较强的实践能力。因此,高校在教学中,一定不能忽视学生的"动手能力",而这恰恰是以往教学中的短板。为了弥补这个短板,"产学研"联合模式应运而生。"产学研"模式目前仍处在起步阶段,虽然该模式需要国家、出版单位、高校三方的共同努力,但是高等院校应该发挥主导作用。高校应该主动与出版单位取得联系，建立长期的战略合作关系，一方面，高校把出版单位作为学生的实践基地，将不同专业方向和学历层次的学生，派往不同的出版单位及不同的岗位，直接投入到出版工作实践中去，在学中干，在干中学，不断提升理论联系实际的能力，为学生日后就业从业打下良好基础，与此同时也能将前沿的理论和知识传递给出版单位；另一方面，出版单位把高校作为进修基地，依托强大的学术资源，顺利实现专业理论的提升或学历深造，从而实现高校和出版单位的"双赢"局面。

结语

综上所述，出版人才战略的设计与实施，都是围绕一个目的——人尽其才，才尽其用。制定和实施科学合理的出版人才战略，需要国家（行业）、出版单位、教育机构三方主体在继续发挥自身优势、努力克服劣势弱项、充分利用利好机遇、积极应对外来威胁上共同努力，只有这样，出版人才队伍建设工作才能蒸蒸日上，出版人才队伍才能发展壮大，新时代中国特色社会主义出版事业才能繁荣发展。

第六章

出版企业员工招聘

人力资源是出版企业的第一资源,而员工招聘是企业获得合格人才的重要渠道。高质量的招聘工作,对于优化企业人力资源配置、提高企业创新能力、巩固企业核心竞争力、展示企业良好形象具有相当重要的作用。当前出版业尤其是国有出版单位员工招聘工作,存在缺乏顶层制度设计、缺乏人才战略意识、缺乏科学用人标准、缺乏完善配套机制的现象,亟待通过系统梳理招聘理论,持续优化员工招聘总体设计、工作流程等实践环节。

第一节 员工招聘当前存在的问题与优化理论

一、当前行业员工招聘的缺陷与不足

1. 缺乏顶层制度设计,员工招聘与企业战略脱钩

所谓顶层设计,在工程学中的本义是统筹考虑项目各层次和各

要素，追根溯源，统揽全局，在最高层次上寻求问题的解决之道。在企业管理领域的顶层制度设计，实际上就是运用系统论的方法，从全局的角度对企业经营管理中的某项任务或某个项目的各方面、各层次、各要素统筹规划，以集中有效资源，高效快捷地实现目标。然而据笔者观察，在出版业尤其是国有出版单位中，人力资源顶层制度设计方面存在着巨大的漏洞，缺乏有效体现企业战略的员工招聘管理体系。几乎每一个图书出版企业都有人力资源管理部门，但由于发展过程中的体制、机制等固化的制度惯性，人力资源部门大多作为职能性管理部门，很少拥有政策制定、战略规划等企业顶层设计的权力。这就使员工招聘这项本应作为企业战略先导的重要工作被弱化，被割裂，为低水平重复招聘、人员结构性失衡、企业战略性收缩与人员过度膨胀并存等人员招聘的弊端埋下隐患。

2. 缺乏人才战略意识，员工招聘理念、机制落后

随着文化产业改革进入深水期，图书出版企业已全面完成了"事转企"改制，部分出版单位还实现了股改上市，但在用人机制方面，许多图书出版企业的改革依旧停滞不前。由于历史原因，人力资源管理部门的工作人员，许多都是原事业单位劳资处（科）的"元老级"职工，由于从业学历偏低、专业技能不高、管理知识缺乏，对员工招聘的理解还停留在用工管理层面上，缺乏战略人力资源管理理念。在制定人才需求规划时，缺乏全局观念和系统思维，对于企业用人缺口缺乏战略判断，单纯依据各职能部门上报的用人需求和下属企业经济发展指标笼统估计，往往存在"会哭的孩子有奶吃"的现象。另外，由于行业的特殊性，很多出版单位都存在子承父业、照顾

配偶的"近亲繁殖"现象，图书出版业内逐渐形成了封闭的人事关系网，这也在很大程度上扰乱了出版社的正常招聘。

3. 缺乏科学的用人标准，员工招聘效率低下

在具体的招聘过程中，由于招聘人员对于企业发展战略认识模糊，对新增业务单元熟悉度不高，对新型岗位的岗位职责、用人标准描述不清等原因，在制定招聘办法中，存在岗位要求与用人标准不匹配、招聘技术与招聘岗位不适合、招聘流程不规范等问题，导致招聘成本大大增加、入职成功率偏低、入职人员岗位适配度差等问题。对于部分集团化出版单位，由于下属单位众多，岗位设置差异巨大，且存在岗位名称雷同、岗位要求迥异的现象，亟待对现有岗位进行系统梳理，完善岗位说明书，明确岗位胜任标准，规范招聘流程，提高员工招聘的效率。

4. 缺乏完善的配套机制，入职容易留用难

员工招聘是为了落实企业发展理念，对现有岗位人员进行合理调整和补充，目的是实现组织功能，提高组织效率。员工入职绝不是员工招聘的终点，如何将招聘的人员合理地分配到适当的岗位上，最大限度地发挥被聘人员的能力，并帮助其实现自我价值和成长，是员工招聘的意义所在。新员工培训制度、薪酬与绩效考核制度、员工晋升机制等相关机制是否协调匹配，成为员工招聘成功与否的关键。现有许多图书出版单位普遍存在重招聘、轻管理的现象，在招聘时追求高学历、名校毕业的高标准，一旦入职，对于这些高层次或高潜力员工缺乏相应的配套机制，要么无培训无管理无激励任其随波逐流、自生自灭，要么工作上压担子重考核、薪酬上吃大锅饭，新聘

人员晋升无望只能另觅前程。新聘员工的管理问题成为员工招聘"最后一公里"的瓶颈亟待突破。

二、员工招聘优化的理论基础

1. 胜任力模型理论

所谓胜任力又被称为胜任特征，指的是与优异绩效有因果关系的行为维度，是人们履行工作职责时的心理与行为表现，一般包括在工作情景中员工的价值观、态度、动机、技能、能力和知识等关键特征。胜任力是预测未来工作绩效的重要指标，是企业人力资源管理的基石，基于胜任力的管理才更易于实现企业绩效。

曼斯菲尔德（Mansfield）提出胜任力模型是指要做好某一特定的任务角色需要具备的胜任力要素的总和，它是针对特定职位表现要求组合起来的一组胜任力特征，或者是指担任某一特定的职位所需具备胜任力特征的集合。它主要包括三个要素，即胜任力的名称、胜任力的定义和行为指标的等级（反映胜任力行为表现的差异）。胜任力模型为某一特定的企业、工作或者角色提供了一个成功模型，反映了某一既定工作岗位中影响个体成功的所有重要的行为、技能和知识，因而被当作开展工作分析、员工招聘、测试与选拔等人力资源活动时所使用的重要工具。

因为胜任力与优秀业绩直接相关，所以可以推论出基于胜任力的员工招聘，其效标关联效度比较高。以胜任力为基础的招聘就是以企业职位胜任特征作为招聘的核心依据，评估应聘者是否表现出那些能够预测优秀业绩的关键素质特征。

2. "人职匹配"理论

"人职匹配"理论是职业选择、职业介绍、职业咨询、员工招聘的经典性理论。该理论最早由美国学者帕森斯提出，他指出，理想的职业选择应建立在个人特性和工作因素合理匹配的基础上。一个人进行职业选择决策时，要清楚地了解自己的态度、才智、能力、兴趣、智谋、缺点和其他特性，还要明晰成功的条件及所需要的知识，在不同岗位上所占有的优势与不足、补偿机会、机遇和前途，同时要具有将以上两种因素进行相互联系和平衡的能力。

"人职匹配"理论认为，每个人都有自己独特的人格特征与能力特点，并与社会的某种职业关联。员工招聘正是要通过各种招聘环节和技术手段，判断应聘人员是否具有与所招聘岗位一致的特性，以达到人岗相适的一种人力资源管理工作。伴随着社会的发展和心理学等学科研究的深入，"人职匹配"理论得到了不断深化。威廉逊进一步完善了"特性—因素匹配"理论，美国职业指导专家金兹伯格提出了职业发展理论，萨帕提出了人的一生的完整职业发展理论、约翰·霍兰德创立的"个性—职业类型匹配"理论等。根据"个性—职业类型匹配"理论，最为理想的职业选择就是个体能够找到与其个性类型重合的职业类型，即个人与职位实现充分的协调，个人最可能充分发挥自己的才能并具有较高的工作满意感。随后，经过罗杰斯、肖恩、涅菲卡门波与斯列皮察等人的探索与研究，该理论日渐成熟，成为西方发达国家现代职业指导以及员工招聘的理论基础。

3. 结构化面试理论

结构化面试也称标准化面试，是相对于传统的经验型面试而言的，是指按照事先制定好的面试提纲上的问题一一发问，并按照标准格式记下面试者的回答和对其评价的一种面试方式。这种面试既是对招聘方的考验，也是对应聘者所有条件的一个良好的测试。

结构化面试指在面试内容、程序和评价三个方面进行结构化的一种面试形式，包括内容结构化、程序结构化和评价结构化三个方面。结构化指面试设计参照职位要求、应试者特征，对面试题目、评价标准做适当裁剪，目的是减少考官评价偏差，提高面试信度和效度。结构化是一种重要的缓冲变量，结构化面试比无结构化面试具有更高的信度和效度。

目前，最主要的两种结构化面试方法是行为面试法和情景面试法。行为面试法是通过挖掘应聘者过去的经历来预测其未来工作绩效的一种较为准确和有效的面试方法。其假设是：过去的行为是预测未来行为的最好指标。一个人的行为模式是相对稳定的，不会在较短的时间内发生大的变化，特别是遇到类似的情景时，人的行为倾向于重复过去的方式。很多时候，行为模式会在类似的情景出现时与过去保持一致性。情景面试法首先会给应聘者呈现所应聘工作可能遇到的一个情景，然后了解应聘者在这些假设的情景中如何行动。其假设是：人的意图和设想是未来行为的有效预测指标。与行为面试法不同，情景面试法的问题是对这个岗位在工作中可能会遇到的困难或冲突的抽象和概括，其答案不唯一，因此需要面试官提前对可能的回答做好准备以进一步追问、判断。

第二节　出版企业员工招聘的优化

招聘是员工管理的源头，是组织为了生存和发展的需要，根据组织人力资源规划和职务分析的数量和质量要求，通过信息发布和科学甄选，获得本企业所需合格人才，并安排他们到所需岗位上工作的过程。招聘的基本内容包括：招聘计划的制定和审批，招聘信息的发布，对应聘者进行筛选、测评、人员录用等。传统观点认为，招聘体系包括五个方面：招聘理念、招聘依据、招聘过程、招聘人员以及招聘方法与技术。随着"互联网+"、大数据、云计算等新兴技术的广泛应用，知识型员工密集、学习型企业普及的出版业，在员工招聘体系上也呈现出不同的特点。

一、招聘优化设计原则

1. 招聘理念要展现时代性

招聘理念是招聘的指导思想和实施原则，它既是价值观又是方法论，是企业战略在员工招聘活动中的映照。好的招聘理念应该展现时代性，准确传递企业的使命、愿景和核心价值观。对出版单位来说，招聘理念要把社会效益放在首位，实现社会效益与经济效益相统一。把社会效益放在首位，一是要坚持"德才兼备、以德为先"的用人理念。尤其是编校岗位，要重视政治素质和个人品行，确保出版导向正确。二是出版单位多为国有或国有控股企业，要积极承担社会责任，在力所能及的范围内，依据岗位特点积极吸纳残疾人、贫困人口就业。三是要充分尊重知识型员工的特点，招聘过程中全面真实传递企业信息，对新入职员工做好职业生涯规划，加强培训，促进发展学习型企业，让员工与企业共同成长。

2. 招聘依据要符合规范性

招聘依据是招聘体系的核心，主要包括招聘计划、岗位分析、招聘环节设计三部分。

招聘计划是指确定企业将采取何种渠道为哪些岗位补充多少人员的过程。招聘计划是招聘工作的缘起和总规划，是企业战略人力资源规划的重要组成部分，由人员需求预测和人员供给预测两部分构成。对出版单位来说，制定招聘计划的难点在于破解人员结构性供需失衡的难题。对大多数"事转企"而来的国有出版单位来说，一方面"沉淀"了一批学历低、技能差、学习能力弱、年龄偏大的"富余员工"；另一方面对市场化图书策划编辑、高水平编校人员、新媒体营销人员的需求又十分巨大，人才竞争激烈。

岗位分析是对岗位的性质、任务、职责、劳动条件和环境，以及员工承担本岗位任务应具备的资格条件所进行的系统分析与研究，并由此制定岗位规范、职位说明书等人力资源管理文件的过程。岗位分析是指导招聘工作的基础，只有在职位说明书的基础上，招聘工作才能明确目标及方式，因此，它是招聘工作中十分重要的环节。编辑岗位是出版单位的核心岗位，其工作流程复杂，对学科背景和文字功底要求较高，需要专业的职业技能培训。在进行岗位分析时，不能简单地根据其工作流程列举其岗位职责，也不应简单地设置学历、专业、工作年限等作为任职选拔标准，必须综合考虑编辑工作的创造性劳动特点，结合本单位实际情况，明确所招聘编辑岗位的差异化特征：是招策划编辑还是文案编辑？主要从事大众、少儿、社科或科技等哪方面出版物的编辑？图书、期刊、报纸还是新媒体编辑？是拥有一定作者队伍和编辑经验的资深编辑，还是专业对口、综合素质较高但经验缺乏的新手编辑？只有把这些问题明确了，才能给出目标岗位从业人员准确"画像"，提高招聘的成功率。

招聘环节设计是指根据招聘需要，选择合适的时间、地点、方法、渠道等具体的招聘工作内容。出版单位在招聘时间的选择上，既要考虑应届生毕业、年初跳槽频繁等普遍因素，还要结合出版单位工作特点，将所需岗位按轻重缓急区分短期和长期招聘，对于高水平策划编辑等急需重要岗位要打破常规，可以采取单招、点招等灵活方式，缩短招聘周期。在招聘地点和招聘方式上也要结合岗位特点，对补充普通编辑、校对和管理岗位人员，可由企业采取校园招聘或年度招聘等方式自主招聘，选拔方式多采用笔试、结构化面试等通用手段，节省招聘费用；对紧急、稀缺或高层次人才，则可以考虑通过外部专业机构引进，同时在招聘地点、信息发布、流程设计等环节充分尊重应聘人员，统筹合理安排。

3. 招聘过程要讲求客观性

招聘实施过程要在招聘理念和招聘依据的指导下公正严谨地开展。招聘实施过程主要包括发布招聘公告、成立招聘小组、对应聘人员进行甄别和评价等环节。其中人员甄别和评价是指运用测量方法和技术对应聘人员与招聘岗位是否匹配进行判断。这是招聘过程中不可控因素最多的环节之一，同时也是招聘过程中最复杂和最讲求客观公正的环节。客观就是要让招聘流程、甄别标准公开、透明，避免掺入招聘人员的主观好恶，避免统计结果的偏差，避免裙带关系影响。

4. 招聘人员要加强专业性

招聘人员是招聘活动的具体实施者，从某种意义上来说，招聘是通过招聘人员与应聘者的互动来交换信息，并做出相应判断的过程。诚然，随着招聘技术的不断进步，结构化的问卷、网络招聘、大数据测评等手段的出现在一定程度上减少了招聘人员对招聘结果的主观影响，增加了招聘体系的公正性。然而，梳理招聘理念、设计招聘依据、实施招聘过程、评价招聘结果的各环节，都离不开人的主观能动性，完全脱离人的招聘在相当长的时期内是无法进行的。对于知识型员工富集、招聘环节复杂的出版业来说，能否构建起科学高效的员工招聘体系，关键在于能否高度重视招聘人员的专业化问题。首先，在招聘人员的选择上，应打破部门职能界限，专业人员与专职人员灵活搭配、分工协作。专职招聘人员主要负责招聘整体流程的把控，确保招聘过程完整、科学；而专业人员由于对所招聘岗位的岗位职责和任职要求更为熟悉，在招聘办法的选择、人员甄别与评价等方面可以提供更多专业支持。其次，招聘人员需要加强系统化、标准化培训。对于专职招聘人员来说，不仅要熟练掌握并及时更新招聘工作各环节技能手段，还要深入领会企业人才战略，不断优化招聘理念、方式和路径，降低招聘成本，提升招聘效率；对于临时抽调参与招聘的专业人员来说，需要进行必要的标准化培训，统一招聘理念、人员甄选标准等。最后，招聘人员必须能够有效传递企业文化，维护企业形象。招聘的意义不仅是为企业补充合适的人力资源，也是宣传企业文化、树立企业形象的一次机遇与挑战。从发布招聘公告、组织招聘考试，到反馈招聘结果、办理入职手续，招聘工作的各环节都从细节上全面展示一个企业的内部管理水平、核心价值观。对于以知识性员工招聘为主的出版单位来说，招聘人员的谈吐态度、专业化水平，反映了文化企业对人才尊重的程度，往往成为帮助应聘者建立良好印象，吸引高水平知识型人才接受雇佣的重要因素。

5. 招聘技术要注重科学性

招聘技术主要是指企业在吸引、甄选、录用、评估过程中用到的各种方法和采用的技术手段。首先，在吸引求职者过程中，要注意发布信息的严谨。出版单位的应聘者，尤其是编校岗位的求职者，往往学历和文化程度较高且对文字比较敏感。这就要求企业在发布招聘公告、回复反馈邮件时要特别注意措辞语气甚至标点符号，避免因疏漏谬误给求职者造成不好的印象。其次，在甄选过程中，要克服传统出版单位过分依靠简历筛选，唯学历、职称的现象。学历和职称能在一定程度上反映应聘者的知识结构和职业技能，但无法反映其求职心理、个性特征、价值观等因素，高学历不等于高绩效，更无法判断是否与企业文化相一致、与岗位要求相匹配。应该尽量避免主观经验，选择科学的招聘方法全面考察。最后，要选择科学、高效的测评方法。要根据招聘岗位的特征选择测评方法，对于普通营销和行政管理人员，可采用笔试和结构化面试的方法，提高甄别效率；而对于策划编辑、渠道销售负责人等以创造性劳动为主、岗位要求复杂的职位，可采取情景模拟、胜任力测评等方式进行甄别。

二、出版企业员工招聘流程优化

招聘流程是从时间维度上对招聘工作的各环节进行梳理的过程。完整的招聘流程一般包括招聘准备、招聘实施、招聘评价和入职管理四大组成部分。招聘准备是招聘实施的前提和基础，招聘准备和招聘实施是招聘评价的依据，招聘评价是改进招聘准备和实施过程的手段，而入职管理是招聘工作的收尾。

1. 招聘准备

招聘准备是指为保证招聘工作顺利实施而进行的总体规划和部署，主要包括：组建招聘团队、招聘需求分析（制订招聘计划）、招聘供给分析（内部候选人和外部候选人）、岗位分析设计（岗位职责、任职资格、薪资福利等）、招聘渠道分析（自主招聘、外部专业机构招聘）、招聘方法设计（甄选方式、测评标准）、招聘保障设计（工作人员、经费、媒体宣传、应急预案等）和招聘评价设计。

2. 招聘实施

招聘实施是对招聘目的的具体实现过程，主要包括：招聘信息发布、应聘信息收集、确立候选人员以及候选人员测评。一般而言，招聘准备和招聘实施的各个步骤是按顺序依次进行的。

在招聘实施各环节中，对候选人员的测评是招聘工作的核心和落脚点，也是整个招聘工作能否取得预期效果的关键。根据出版人才胜任素质模型，影响出版人才绩效的因素受工作取向、自我取向、价值取向、人际取向四个维度的共同作用，在不同的岗位上呈现出不同的能力素质需求组合。因此，在设计测评方案时，应根据岗位对各维度所包含能力素质要求的重要程度分配测评权重。具体来说，测评方案可分为职业能力测评和职业性格测评两个部分。职业能力测评立足于考查候选人员满足当前岗位要求的技能水平，相对静态、外显，容易量化判断；而职业性格测评，重在对候选人员的性格、价值观、敬业心、职业预期等相对动态或内化特征的测评，根据冰山理论可知，评测难度较大、成本较高，可借助 DISC 个性测验、MBTI 职业性格测试等工具进行研判。一般来说，对初级岗位和具体业务岗位的候选人员，职业能力测评部分权重更大；而对于策划编辑或经营管理等高级岗位来说，职业性格测评可以更加全面地判断其职业潜力、价值观、忠诚度等内化核心指标，越来越受到招聘单位重视。

3. 招聘评价

招聘评价指对招聘准备和实施的效果进行评估以指导改进招聘工作的过程。招聘评价可以是招聘工作的一部分，对招聘流程的各环节进行事中反馈，优点是反映迅速，可以及时弥补招聘过程中的疏漏，降低不良突发事件的影响，节约招聘成本。招聘评价也可以独立于招聘工作进行事后评价，其优点是能够全面系统检视招聘各环节的整体效果，通过横向比较，完善招聘设计，并可作为招聘工作绩效高低的评价依据。

4. 入职管理

入职管理是招聘工作的结尾，主要包括：反馈招聘结果、办理入职手续、安排新入职员工培训。入职管理水平的高低直接影响着招聘成功率，是招聘工作的必要一环。

三、出版企业员工招聘优化的实施要点

构建科学的出版企业员工招聘体系，要求出版单位根据自身特点，重点做好以下几方面工作：

1. 在战略上重视员工招聘工作

出版单位最重要的资源就是人才，而招聘工作直接指向企业中最活跃的因素——劳动力。要用全局观念、战略思维、系统方法做好招聘工作。从数量上看，招聘需求计划不仅取决于现有岗位的空缺情况，还要建立在对企业总体发展态势、人才战略规划的分析上，比如有的出版单位退休减员了数名传统文案编辑，是否补充以及如何补充，除了考虑编辑部门的现有人员结构、岗位职责外，必须综合考虑企业当前执行的数字化转型战略和对市场化产品策划人才短缺的现状，对部分缺编岗位进行核减或调整，新增急需岗位。从结构上看，空缺岗位的可替代性、紧缺性、供求情况、招聘周期等因素，需要招聘人员通盘考虑内外部环境、企业自身定位等因素，合理安排。对于普遍存在结构性短缺的出版单位来说，要盯紧策划编辑、资深校对、高绩效营销人员等核心紧缺岗位人员招募，对于其他辅助岗位应以盘活存量资源，通过培训合理开发利用为主，避免企业规模过快膨胀，人浮于事。

2. 提高招聘人员的综合素质

招聘人员是招聘流程的具体执行者，是应聘者对招聘企业最具

体化的印象。招聘工作为了保证科学、公正，要尽力消除人的主观影响，但在具体操作过程中，招聘人员的能力、经验、偏好等都不可避免地融入招聘过程中，招聘人员的综合素质越高，就越能自觉将主观影响降到最低，减少招聘的人为偏差。另一方面，招聘人员是应聘者最先接触的未来"同事"，他们的谈吐、态度、价值观都从侧面真实地反映出公司的真实情况，对应聘者做出最后的入职决定起到重要的作用，必须不断提升招聘人员的综合素质，展示企业良好形象，提升对优质人才的吸引力。

3. 选择合适的招聘形式

对于出版单位来说，编辑、校对这类以知识型员工为主、强调创造性和专业技能的复杂岗位，决定了招聘形式的多元化。要综合考虑招聘规模、岗位紧缺性、招聘周期，以及企业自身的招聘组织能力、招聘预算等因素，选择合适的招聘形式。如果自身招聘团队专业性较差、经验不足，可采取委托招聘的形式，借助猎头公司等外部力量实施。也可从节约成本和提高效率的角度出发，使用网络招聘、内部人员推荐的形式。总之，在招聘实施的过程中，应该根据自身的具体需要，采取不同的招聘形式。

4. 改进招聘测评技术

对于应聘者的甄别应采用科学的技术和方法，因为招聘的方法和技术在很大程度上决定了招聘的结果。以往通过简单的简历筛选和面试以决定录用与否的方法，已经不再适用于出版单位以知识型员工为核心的招聘工作。这不仅仅是由编辑、校对、发行等出版单位核心岗位的复杂性决定，也是日益严重的应聘信任危机的客观要求。基于胜任力模型、"人职匹配"理论等最新研究成果的科学测评方法，对于提升人员甄别准确度，进而提高招聘成功率具有十分重大的作用。加强和改进员工招聘测评技术，已经成为优化员工招聘体系的关键点。

5. 重视招聘评估，构建出版人才库

招聘的直接目的是通过补充人力资源保障企业运转。人员流动是企业的常态，而招聘工作就要随时准备。从这个意义上讲，只要企业存在，招聘工作就不会结束。同时，企业的发展是一个动态的过程，不同的发展阶段有不同的人才战略，招聘工作要随时调整适应。因此，企业要高度重视招聘评估及反馈，不断优化招聘体系，提升招聘工作的质量和效率。另一方面，要做好招聘期外的准备工作，积极整合内外部人才资源，做好未聘人员的反馈和资料整理，扩大候选人才库，保证招聘的及时性，压缩招聘成本。

第七章
出版人才的培养机制与继续教育

出版人才培养机制，是建立在企业的现状条件下，对发现人才、培育人才起推动、协调和控制等作用的方法、手段及运动过程的综合体系或总和。通过人才培养可以使人才明确自己的任务、工作职责和目标，提高知识和技能，具备与实现企业目标相适应的自身素质和业务能力，在最大限度地实现其自身价值的同时为企业创造更大的价值。

第一节 出版企业人才培养的基础理论

一、认知学徒制理论

认知学徒制（Cognitive Apprenticeship）是在 20 世纪六七十年代，基于认知科学的发展而出现的一种情境学习理念和模式。1989 年，由美国认知科学家科林斯、布朗和纽曼正式公开提出。认知学徒制将传统学徒制与学校教育的优势有机融合，通过在真实情境中专家思维过程外显的教学引导过程，培养学习者提升分析能力、解决问题能力、创新能力、高级认知和深度学习等高阶思维能力，帮助学习者实现思维的逻辑性与科学性自检，进而逐步融入专家实践共同体。认知学徒制针对学校教育与用工需求不匹配的问题，对出版业编辑岗位等知识型人才培养具有重大的实践价值。

1. 认知学徒制的特点

（1）具有真实的学习情境

认知学徒制将传统学校课堂教学的抽象任务和内容融入真实的情境中，通过互动式学习，在工作中实践，促进了学习者对知识的理解和运用能力，进而提升学习的兴趣和意义。

（2）教学培训以学习者为核心

在真实的、变化的情境中让学习者深入学习，鼓励学习者清晰表达解决问题或完成任务的思维过程，引导学习者不断总结反思，提升学习者的高阶思维能力，促进学习者出版核心能力的形成。在此过程中学习者居于主体地位，专家主要承担帮助、引导、纠偏等辅助功能。

（3）思维过程的显性化

认知学徒制通过将专家内隐的思维方式和认知过程显性化，帮助学习者通过互动性的社会化学习方式，理解专家完成任务和解决问题的创造性思维过程，从而构建适合自己心智模型，达到提高自身高阶思维能力的目的。编辑是出版业的核心岗位之一，具有复杂性和创造性等特点，传统的学校教育对选题策划、图书设计等环节的能力提升作用有限。传统的师徒制编辑培养模式，通过"模仿"和"领悟"授业，而忽视对原理、思维过程的解释，对师徒间的默契要求较高，且无法批量复制，具有很大的局限性。引入认知学徒制后，新手编辑可以对资深编辑的选题策划过程等核心环节进行复盘和总结，逐渐内化出一套适合自己的思维方式和工作方法，加速成长。

（4）促进学习者高阶思维能力的培养

相对于学校教育，认知学徒制更关注学习者理解力、认识力、思维模式的培养，充分运用参与式、启发式教学方法，引导学习者发展主动思考、过程管控、反思校正、自我评价的元认知和逻辑性思维能力。出版业的编辑、校对、发行等核心岗位，对举一反三的发散性思考能力、从纷繁数据中挖掘价值的归纳能力、跨学科跨行业的跳跃思维与知识整合能力都有较高要求，基于认知学徒制理念的出版人才培养具有先天的优势。

2. 认知学徒制在制定出版人才培养策略中的应用

出版人才培养，重在提升完成复杂而真实的任务时的能力水平。面对出版实践中的复杂问题，学校教育概念知识、事实知识和实际应用分割的教学方式的弊病就显露无遗。研究表明，学习和认知都是情境性的，出版人才继续教育体系设计，应当尽量在具体工作情境下，运用认知学徒制原理，努力实现知与行融为一体，让培训对象"知道是什么"与"知道怎样做"统一起来。

（1）培训内容选择要注意显性和隐性并重

认知学徒制将学习的内容区分为显性的学科领域知识和隐性的

策略知识。学科领域知识是显性的概念、事实或程序知识,策略知识通常是隐性知识,强调专家为解决问题、完成任务所必须运用的概念、事实和程序的能力。学科领域知识非常重要,但是如果脱离了真实问题背景和出版实践活动,学习者习得这些知识往往是惰性的。因此,培训教学中选择策略知识就显得非常重要。策略知识,包括有效解决问题的策略、启发式策略、在不同分解水平上控制问题的策略,以及专家用于获取本领域或其他领域新的概念、事实和程序的学习策略。有效解决问题的策略是指出版发行活动中完成任务的一种有效的技术和方式;控制策略是指学习者应该随着对学科知识的不断深入掌握,而能控制并诊断自己所做的决策,即在不同的解决问题策略中进行选择、确定解决特定问题的最佳策略等;学习策略是关于学习方法的策略,如探究学习等。我们以为,以隐性和显性并重的知识作为出版继续教育的学习内容,通过案例讨论教学,对典型的出版案例进行分析,将以往以隐性方式获得的知识显性化,总结出问题解决策略的规律,通过探究学习,引导学习者控制并诊断自己的决策,进而获得策略性知识。

(2)突出编辑实践策略与技能的教学活动设计

在继续教育教学中,教学活动所依据的应当是对认知策略的清晰的表达。为此,教学设计必须为参训人才提供大量系统的激励学习者进行探索和独立活动的机会,具体包括以下内容:

建模。通过教师或经验丰富的编辑人员对自己解决问题过程的讲解,让参训人才进行观察并构建完成任务所必需的相关过程的概念模式。建模从实际的工作经验中精选出系列解决问题策略的过程，将出版发行活动中原先内隐的启发式过程和控制过程外化。

训练与辅导。让参训人才在高度情境化的环境中模拟完成实际的出版发行活动的具体任务，参训人才在执行具体的工作任务时，教师对其进行观察，为其提供线索、"脚手架"、反馈模仿、建构模式，进行必要提示和提出新任务，以使他们的行为接近于优秀先进人才的行为。训练与辅导要注意高度互动化的反馈和建议，例如，在关于确定选题的教学中，教师作为教练可以选择同一类型的多种选题，训练参训人才进行概括、评论，以便对其进行修改，同时也可让参训人才就概括和评论的结果进行讨论。

提供"脚手架"。"脚手架"是教师为帮助参训人才完成任务而提供的支持，但要随着参训人才能力的发展而及时"淡出"或移开，减弱对参训人才的支持，并逐渐将其对学习的控制权移交给参训人才。

清晰表达。让参训人才有关某一领域的知识、推理和问题解决过程清晰化。尽量为参训人才提供演示或表达他们新获得的学科知识的机会，通过提问引导参训人才清晰表述并提炼自己对知识的了解，还可以在合作活动中承担批评者或监控者的角色，引导参训人才清晰表达自己有关问题和控制过程的知识。

反思。使参训人才将自己解决问题的过程与其他学习者或编辑人员解决问题的过程进行比较，最终与出版发行活动内部认知模式相比较，这样能够形成一种内化的出版发行活动认知模式。

鼓励参训人才探究学习。推动参训人才依靠自己解决问题，包括解决设计选题、进行一般的图书出版策划和出版发行活动中的一些研究性问题，教师在探究性学习过程中完全"淡出"。但是要注意指导参训人才在选择探究性学习问题时量力而行。

（3）同时支持知识与复杂技能的学习序列

编辑出版专业的学习是分阶段进行的，参训人才需要不断发展编辑出版人员在实际操作中所需的多项技能，并发现技能应用的条件。根据认知学徒制，有下面三种可供选择的教学内容排序方式：

增加内容的复杂程度。即按照等级的任务结构从底端的任务向上垂直地增加难度。

增加内容的多样性。即同一等级内容在水平程度上的增加。例如，改变问题解决的情境，改变学习活动的目标或原因，或改变学习环境中的因素等。

在分解技能之前呈现整体的技能。一种从上到下的、详细说明的、垂直或水平的内容序列，也就是首先传授最高水平的技能。这样有两个重要的优点：任务富有意义，具有整体结构或者说具有问题的系统观。参训人才具有了组成整体内容的概念模式。

（4）镶嵌社会情境的学习环境

学习环境的社会性是以往编辑出版专业学校教育被忽视的内容，但在传统学徒制培养模式中，镶嵌着社会情境的学习环境却发挥着极为重要的作用。因此，我们应当将这种嵌入式的社会情境整合到编辑出版专业教学中来。根据认知学徒制推荐的学习策略，我们可以用下面两种方式在学习环境中嵌入社会因素，促进学习的社会化。

情境学习。将教学置于一定的情境中，让参训人才能够理解他们学习的原因；让参训人才不仅通过听，而且更多地通过做来学习；让参训人才探究什么方法和策略在特定情境中有效，什么方法和策略在真实世界的背景中无效；培养参训人才在多样化的背景中解决问题的能力。

模拟。教学可以进一步模拟真实世界中的活动，营造专家实践文化氛围。专家实践文化实际上也是一种学习环境，在编辑出版专业的教学中，参训人才和教师及一线编辑人员的互动是非常重要的，这种动态的相互作用创建了一种专家实践的文化群体，营造了专家实践文化的氛围。尽管编辑出版学理论研究对编辑人员的出版发行活动过程还没有完美的理论表述，但在教学中努力营造专家文化氛围，通过参训人才与专家的互动，完全能够解决教会参训人才怎样"像编辑那样思维"的问题。

二、学习型组织理论

学习型组织的研究源于20世纪70年代，西方学界提出的"终身教育"背景下构建学习型社会的倡议。关于学习型组织的研究以20世纪80年代为界分为两个阶段：第一阶段，以美国学者卡吉洛西、迪尔、克瑞斯·阿吉里斯等为代表的研究者，认为组织不再是需要不断维护、修复的冰冷的系统或机器，而是拥有学习能力、拟人化的有机实体，研究的重点是"组织学习"；第二阶段，以美国学者彼得·圣吉出版的《第五项修炼：学习型组织的艺术实践》为标志，将研究重点从"组织学习"转向在政府、企业、社会团体等组织形态中建立学习型组织的实践。一般认为，"组织学习"是组织内部学习知识或技能的活动过程,而学习型组织是基于组织成员共同学习和传播知识、信息,并据此优化组织目标和行为机制,形成持续竞争力的一种组织形态。

学习型组织理论是当代管理学研究的热点之一,其核心内涵是研究组织如何应对环境变化,培育创新变革、持续学习的组织氛围,通过个体学习习惯的培养、学习效率的提升,逐渐改变组织的思维模式和行为逻辑,实现组织整体效率的提升。对于构建出版人才培养机制来说,学习型组织理论的特点具有较强的适用性。

学习型组织要求组织成员有终身学习的理念。这种共同愿景,既是组织的价值观,又是内化的行动自觉。对于出版企业来说,首要目标是把握正确的出版导向,坚持社会效益优先。而选题策划、编辑加工、出版设计等核心岗位(环节)的发散性、个体主导性劳动特点,要求每个出版单位无论何时都不能放松这条红线,必须培养员工树立与时俱进、终身学习的理念,将员工行为调适到组织目标上来。

学习型组织要求有开放、共享、互动的学习氛围和机制。由于出版工作具有知识密集的特点,决定了编校、设计等核心岗位员工,要不断更新专业知识,提升编校技巧,优化设计理念,更好地贴近读者和市场需求。而对于同一出版单位的编校、发行人员来说,共同的产品线和销售渠道、相似的作者队伍等,为组织内编校技能培训班、选题论证会、专题市场调研小组或是编辑导师制等各种形式的学习共同体的形成提供了可能。通过各种正式或非正式的学习共同体,出版单位各岗位员工能够抛开部门的局限更坦诚地沟通,并在这种及时反馈的互动学习氛围里更快地提升个人素质，更清晰地认同组织愿景，从而提升组织效率。

学习型组织强调工作学习化和学习工作化的统一。工作学习化就是要在工作场景中发现问题，研究问题，解决问题。而学习工作化是指将学习兴趣和习惯融入工作实践，通过学以致用提升工作能力，实现个人价值。对出版业而言，编校、发行等核心岗位的操作性都很强，新入职员工仅仅依靠学校教育积累的书本知识很难胜任复杂的工作状况，必须通过入职培训、继续教育和主动学习等方式，不断提升灵活运用理论解决实际问题的能力。而尊重知识、不迷信权威、终身学习、学以致用的理念也是出版单位普遍的价值观和思维模式，学习成为实现自我、获取尊重和资源的渠道和标准，这也是许多优秀的出版单位能够留住并用好高层次学者型编辑的根本原因。

第二节　出版人才成长环境分析

一、集团人才建设的基本情况

陕西新华出版传媒集团有限责任公司（以下简称"集团"）下属8家专业出版社、10家市级新华书店、88家县级新华书店、1家数字出版基地公司以及期刊、实业公司等110余家单位。现有在职员工3017人，其中本科以上学历1690人，占员工总数的56.02%。具有高级职称的535人，占员工总数的17.73%；中级职称882人，占员工总数的 29.23%；初级职称 456 人，占员工总数的 15.11%。

集团各子公司高学历员工占比不断提高，45 岁以下年轻编辑中，硕士及以上学历占大多数，而且各个专业都有。这些年轻编辑各方面条件都不错，但距离优秀出版人才的标准还有一定距离。集团下属各出版社普遍反映缺少以下几类优秀人才：首先是策划编辑人才，目前集团下属各出版社优秀策划编辑占全体员工的比例不到 1/30，选题策划成功率很低；其次是优秀的市场营销人才，占所有发行人员的比例也不到 1/30，以至于出版社营销活动难以全方位展开；第三是优秀的经营管理人才，各出版社普遍反映管理人才难以适应对出版流程、图书质量和营销活动进行精细化管理；第四是懂传统出版，又懂多媒体出版的复合型人才，其在员工中占比极少。这些优秀人才的稀缺，本身就反映了当前出版社的人才结构很不合理，对当今出版业的生存和未来出版业的发展极为不利。实事求是地讲，在中央和地方政府的政策支持下，在以中小学教材为核心的计划产品的支撑下，目前这支队伍还能适应。但是，2014 年 8 月，中央全面深化改革领导小组第四次会议审议通过《关于推动传统媒体和新兴媒体融合发展的指导意见》，2015 年 4 月，国家新闻出版广电总局、财政部印发《关于推动传统出版和新兴出版融合发展的指导意见》，标志着传统出版与新兴出版融合发展的政策体系已经形成，国家将在确保导向的基础上，将政策支持从传统出版向网络空间延伸，全面推动传统出版和新兴出版的融合发展。这一新的政策体系，不仅会影响国家对出版企业的政策支持方向和力度，也会影响到出版社计划产品的出版发行，当前出版社的人员素质和人才结构就难以适应了。

观察陕西新华出版传媒集团人力资源现状，人才缺口严重，前景堪忧。众所周知，出版传媒行业是一个轻资产、重创新的行业，人力资源是推动产业发展的第一生产力。然而，集团改制以后，由于机制陈旧，干部队伍老化的现象十分明显，优秀人才极度匮乏。"530"政策实施之后，不少老同志离开了岗位，大批年轻同志进入行业，员工的业务素质亟待提升。"三多三少"是陕西新华出版传媒集团人才结构的显著特点：编辑人员多，营销人员少；年轻编辑多，资深编辑少；一般文字加工编辑多，能够策划重大选题、驾驭重点书稿、组织大型营销活动的编辑少。这样的人才结构，显然难以适应出版业的历史使命和发展战略。但是，什么是合理的人才结构，需要我们在系统分析的基础上统一认识。作为一个知识密集型的大型传媒集团，保持人才优势、优化人才结构是陕西新华出版传媒集团一项重要的工作。

二、集团人才管控模式与培训工作现状

面对数字出版转型和出版融合发展大潮，集团所属各出版社都设立了专门的数字出版部，员工来源分两部分，有招聘的技术人才，也有出自本企业的对数字技术有兴趣的编辑人员。这些人员在员工中占比不到10%，主要是年轻的"80后"和"90后"。各出版社技术出身的员工提出的选题和开发项目，主要从技术角度考虑，往往得不到大家响应。他们在员工中占比很少，在内容开发方面基本没有话语权。同时，大多数员工对数字出版的理解也比较肤浅，再加上

传统出版做得还不错，因此几年下来，数字出版的工作虽有起色，但离真正的"融合"还有较大距离。

1. 集团人才管控模式

根据集团发展战略，集团目前实行宏观管控型人力资源管理模式。在干部人事管理、定员与薪酬管控、统一保险福利政策、建立员工培训体系等四个方面，积极构建统分结合、分级管理、各有侧重的集团化人力资源管控体系。

（1）干部人事管理

集团严格贯彻党管干部原则，根据干部管理权限，实行上级党委、集团党委、子公司党委分级管理。依据全面从严治党的新要求和干部管理面临的新问题，出台了干部人事管理的基本制度《集团领导干部管理办法》。一是完善了选拔任用干部的条件与资格、方式与程序、干部职数设置、任职管理、考核与退出机制、后备干部管理等问题。二是对领导干部的教育培训也做了专门的要求。三是设立了非领导职务。四是，按照中央、省有关规定，明确了领导干部不得兼职的原则。

（2）定员与薪酬管控

集团根据子公司的规模、盈利能力、发展前景、人员现状等指标，对所属的子公司逐年下达定员和薪酬总额。在具体的用人和薪酬办法上，给予子公司充分的自主权。

（3）统一保险福利政策

集团转企改制后，所有员工实行岗位聘用制，以岗定薪，同工同酬，统一缴纳五险一金，享受同样的薪酬福利待遇。根据效益不同，各基层单位在薪酬结构和工资水平上存在较大的差异。

（4）建立员工培训体系

集团实行分工合作、各有侧重的分级培训体系。集团负责制定培训政策和培训计划，负责领导班子和骨干人员的培训；基层单位负责统计培训需求，组织常规性培训。

2. 集团培训工作现状

根据集团人力资源现状、产业发展特点及总体发展战略，集团明确了以支撑出版主业发展为主要特点的员工培训思路。

（1）上下齐心协力，实现员工培训的全覆盖

经过几年来的实践探索，逐步形成了分工负责的多元化培训体系：集团负责制定总体培训规划，整合培训讲师和优质课程资源，培训对象主要是领导班子和业务骨干；基层单位负责分析培训需求，组织对员工基本技能、基本业务规范的培训，实现员工培训全覆盖。

（2）通过实施重大项目，培训和发现优秀人才

依照做强主业的根本方略，逐步形成了"精品引领出版，项目带动发展"的工作思路。为此，集团于2010年出台了《陕西新华出版传媒集团重大出版项目论证、资助管理办法》，明确了项目的人员构成、评审论证、资金扶持、推进实施和激励表彰等事项，通过项目实施发现人才、培养人才。

（3）推行"编辑导师制"，打造青年员工快速成长的绿色通道

集团转企改制后，一大批老同志离开了岗位，许多年轻同志进入了行业，出现了业务断层、人才青黄不接、员工整体素质下降的情况。为此，集团出台了《陕西新华出版传媒集团编辑导师制指导意

见》，各出版社均制定了相应的实施办法，努力为青年员工的快速成长打通绿色通道。

（4）重视定向培养，构筑支撑产业发展的人才摇篮

当前，集团干部队伍严重老化，优秀人才十分缺乏，与产业发展极不适应。为此，集团策划制定了《陕西新华全媒体出版创新孵化基地建设规划方案》，拟与有关高校联合，以后备人才为主体，实施定向中长期培训，建立陕西新华出版传媒集团的"黄埔军校"，为实现良性可持续发展奠定坚实基础。

第三节　人才培养机制建设

在市场竞争愈来愈激烈的情况下，出版企业必须不断更新自身的培训理念，构建科学的人才培训机制，加大培训力度，激发员工的工作热情，使其在企业的发展过程中得以成长，进而实现人才培养与企业发展战略目标之间的有机结合，最终为企业储备更多的人才资源。

一、培训机构建设

1. 厘清人力资源部门的培训职能

集团各级人力资源部门是开展培训工作的职能部门，根据所处层级，其所负责培训工作的重心也有所不同。

集团人力资源部在集团决策层领导下，全面负责集团培训工

作，主要培训职能包括：统计分析集团人力资源现状，根据集团总体发展战略制定全员培训规划；汇总分析集团培训需求，明确下属单位和相关职能部门的职责；整合集团内外培训资源，大力拓展培训渠道和方式；收集培训反馈信息，及时调整、完善培训计划并为决策层提供参谋意见；指导下属单位人力资源部门做好培训工作，对培训工作人员开展培训；组织开展对集团领导、中层、业务骨干、后备干部等重点培训对象的轮训，做好培训预算和培训总体效果评估；做好培训工作的档案管理，为培训结果的运用提供数据支撑。

子公司人力资源部门承担的培训职能主要包括：根据集团培训规划制订本公司年度培训计划并做好预算管理；根据培训计划，组织好专业技术人员继续教育培训、新员工入职培训（企业文化和规章制度）等；统计上报本公司人才状况、培训需求和培训结果运用情况。

2. 整合社会培训力量，拓展培训体系

社会培训力量主要包括：专业人力资源培训机构、校企联合培养、行业继续教育培训等。这些培训资源侧重点不同，可根据企业总体培训规划、内部培训力量、重点培训对象的实际需求进行有机组合，拓展培训渠道，弥补内部培训形式单一、师资有限等不足。

3. 探索企业大学模式，构建培训生态

企业大学，是由企业出资建立，通过聘用企业高管、高校教授及专业培训师为专职或兼职讲师，以系统梳理企业知识体系，高效实施企业人力资源开发，促成企业知识价值转化为主要职能的组织机构。美国学者马克·艾伦对企业大学的定义为"一种战略性的工具，

其职责是通过实施能培养个体或组织的学习、知识和智慧的活动来辅助组织达成自身使命"。

企业大学与传统企业培训机构的区别主要表现在：企业大学是从企业发展战略出发，以推动企业战略实施、企业文化传播、组织机构变革、企业知识管理为目标，系统开发企业人力资源并实施人力资源管理的战略性工具；传统企业培训机构的主要职能是实施企业人才开发培养，主要目标是为企业持续提供优质的人力资源供给，往往停留在培训实施、预算管理等操作层面。

建立企业大学可以系统梳理企业专属的知识体系，搭建集成化的学习培训平台和知识管理系统，促进学习型组织建设。每个企业都有一套独一无二的核心知识体系，这套知识体系是企业的性格基因，隐含着企业成功的经验密码。企业大学可以通过系统的知识管理，将企业价值观、管理思想、知识技能转化有机结合在一起，烙上难以复制的企业标签，成为企业代代传承的核心竞争力。

建立企业大学可以帮助企业研究企业战略，融合企业文化，推动企业变革，传播品牌形象。企业大学通过组织高层战略研讨班等形式，进一步完善战略、统一思想，降低了企业战略在执行中的阻力。而企业战略的不断沉积、融合，管理思想的深度碰撞，高层次复合型管理人才的快速成长，赋予了企业强大的生命力，推动企业不断成长。同时，企业大学往往成为核心知识、理念的策源地，是企业外显的符号，是企业品牌的价值承载者和形象传播者。

二、培训体系建设

关于模块化培训体系，笔者认为基于前文提到的岗位设置（管理序列、职能序列、编辑序列、运营序列、技术序列），可以将培训对象分为新员工、基础人才、管理层预备人才、技术专家人才四个类型进行不同形式的培养。同时根据文中提到的认知学徒制，笔者认为对于新员工可以设置导师制（6个月培养期），新员工需定期输出实习报告，试用期结束后新员工需进行转正答辩，同时导师也需要被考核评价。

1. 以胜任力模型为基础，构建模块化培训体系

依据胜任力模型，按照岗位序列和岗位级别差异组合，对不同岗位按照由低到高设置不同层次的培训模块（见表7-1）。各模块针对不同的素质培养目标，灵活匹配相应的培训内容、授课方式和考核办法。模块间设置多条进阶路径，在服务于集团总体人才战略布局的基础上，充分尊重培训对象个人意愿，因势利导，因材施教，进行个性化培养。通过构建模块化培训体系，努力打造培养目标清晰、内生动力充足的"有机"培训体系。

表7-1 出版单位模块培训序列表

岗位级别		岗位序列				
^^		管理序列	职能序列	编辑序列	运营序列	技术序列
初级		管理初级	行政初级	编校初级	营销初级	技术初级
中级		管理中级	行政中级	编校中级	营销中级	技术中级
高级	副高	管理副高级	行政副高级	编辑副高级	营销副高级	技术副高级
^^	正高	管理正高级	行政正高级	编辑正高级	营销正高级	技术正高级

2. 以胜任力模型为基础,构建继续教育课程体系

在课程教育方面,应依据编辑胜任素质模型中的核心和重点素质项目,有针对性地设计和完善课程内容,本着编辑基本规范和复杂技能同步施教的原则,调整不同板块课程体系的占比,明确课程教学目标,搭建编辑基本知识与技能、编辑实务、编辑创新、新兴媒体、人文与政治素养、职业道德与职业精神六大板块有机结合的课程教育资源体系。

3. 以胜任力模型为基础,构建项目培训体系

以胜任力模型为基础组建项目团队。根据国家出版基金项目、省出版基金项目、集团扶持的重大出版项目的申报、策划、组稿和编校活动,组建配比合理的项目策划执行团队,奠定结构合理的人才队伍基础。依据胜任力模型,选拔和培养项目组内具体岗位人员。采用扁平化管理模式,以老带新,共同学习,适时淘汰补充,在完成项目的同时,提升人员素质。近年来,集团下属各出版社都进行了大胆探索,取得了一定成效。如三秦出版社的"中国蜀道"国家出版基金项目、陕西科学技术出版社的"航天育种简史"项目、陕西人民教育出版社的"空间科学发展与展望丛书"项目等,都催生出一批优秀的编辑人才,在收获大奖的同时,也在出版人才结构再造方面积累了宝贵的经验。

好项目造就好人才,以项目申报为基础,以担任导师项目策划人为核心,通过全程策划和营销,依据创新扩散原理,不断提升全员素质。在制度创新配合下,通过重大项目实施,使项目组成员在物质和精神上得到激励,获得职业成就感,提升职业理想和职业追求。

4. 以胜任力模型为基础，构建以策划编辑领衔的编辑导师制培训模式

传统学徒制教育模式是建立在可视条件下的手工操作和体力技能基础上的，是早期编辑培养的唯一模式，目前还在发挥着巨大作用。这种"做中学"的形式，用置于真实情境中的任务为学习者提供学习机会，当具有一定学科专业背景的"学徒"进入出版行业，跟随经验丰富的老编辑一同工作，作为"师傅"的老编辑的实际操作就是他们学习的标准，并在具体编辑活动中观察、模仿、训练、交流，逐渐被同事、作者构成的出版共同体所接纳，并由边缘进入中心，最后成长为一名合乎出版社要求的编辑。

随着时代发展，编辑工作的综合性越来越强，编辑人员解决任何一个业务问题，都比以往复杂得多，多数情况下是在隐蔽的内部认知过程中完成的，仅靠传统学徒制的方式根本无法达到培养目标，有必要完善编辑带徒弟的继续教育模式，实施策划编辑领衔的编辑导师制。

编辑导师制模式是以胜任力模型为基础，选择显性和隐性并重的学习内容，以提升编辑复杂技能为重点，以核心素质培养为目标。这种模式通过制度保障，重视策划实践策略与编辑技能的教学活动设计，侧重编辑潜在能力的培养。相较于传统学徒制，这种培养模式具有四大优势：一是有利于以胜任力模型为基础，以核心素质培养为目标，选择显性和隐性并重的学习内容，将学习环境镶嵌在工作情境中。二是有利于通过制度保障，突出策划实践策略与编辑创新能力的培养。三是有利于在编辑活动中引入项目管理，培养编辑的团队协作精神。四是有利于引入竞争激励机制，鼓励优胜劣汰，促进优秀人才脱颖而出。

三、培训结果应用

首先，以绩效考核为主要手段，坚定不移地推行干部任期制，畅通员工职务升降的渠道。其次，引入模块培训考级体系，用以量化员工胜任素质水平，并据此作为确定员工岗位薪酬水平及晋升任用的重要依据。第三，营造学习型组织氛围，形成人才培训的激励机制。培训的结果与薪酬挂钩，增强员工终身学习和主动培训的内在动力；培训结果与职务晋升挂钩，员工的任用，既要强调民主评议的干部选拔程序，还应重视岗位业务技能和素质要求，逐步走出一条企业员工职务晋升的新路子。第四，建立客观公正的知识评价体系和奖励机制，促进培训成果的价值转化。对于培训过程中产生的对企业发展有利的新思想、新方法及时总结提炼，并加快运用推广。

四、出版人才培训工作要点

1. 培训工作要服务大局

当前，国有文化企业改革逐渐进入深水区，集团面临着图书市场结构调整、数字出版转型升级等严峻的发展形势，如何实现"成为省属国有文化企业集团领跑者"和"打造西部一流出版传媒集团"的战略目标，关键在人。培训工作要始终以加强人才队伍建设，支撑集团发展战略为根本出发点。在培训内容设计、培训对象选择、培训结果运用等各环节，都以是否有利于实现集团战略为判断标准和决策依据，通过价值传导，服务大局。

2. 培训工作要突出重点

培训在一定的时空条件下，是一种稀缺资源。培训工作不能"撒胡椒面"，要突出重点，追求边际效用最大化。要系统研究单位人才结构现状，扎实做好培训需求分析，找准短板持续发力，把有限的培训经费和时间精力投入到最紧要的培训项目中。通过典型项目的成功样板，形成示范引领，以点带面，最终推动培训工作全面开花。

3. 培训工作要与时俱进

培训工作，既要强调传统的技能与规范，也要与现代科技发展与市场需求合拍。当前应针对行业的转型升级，聚焦于知识经济、互联网经济，乃至未来的物联网经济、智能化经济，结合行业特点，未雨绸缪，迅速培养一批与新经济发展相适应的优秀复合型人才，力争在未来的市场竞争中抢占先机。

4. 培训工作要形成长效机制

培训对象是人，而人才培养是一项长期的系统工程，所以培训工作要取得实效，就必须形成制度化长效机制。首先要有明确的人才发展战略，第二要有健全的培训规章制度，第三要有系统的培训工作计划，第四要有合理的培训经费保障，第五要有一支专业高效的培训管理者队伍。

第四节　加强人才培养保障机制建设

为了更进一步推动出版人才培养，需要制定相应的保障机制。

集团要充当出版人才培养掌舵者和引导者的角色，不仅要对人才培养进行规划和引导，更要建立和健全相关制度，使培养人才有制度可依。

一、加强规划引导和监督

规划引导是建立出版人才培养保障机制的首要工作。首先，从观念上对集团各子公司进行引导，强调人才培养对自身发展、集团发展和国家发展的重要意义。打破既往封闭式的人才培养模式，强化企业参与培养人才的社会责任感，使企业意识到在人才方面进行资源投入能从根本上增加企业核心竞争力。其次，从战略层面、可操作性层面上制定人才培养的策略，制定合理的科研规划。集团要在大学建立企业与高校联合研究中心，为人才培养搭建合作平台。集团要发挥顶层设计的作用，加强和高校及学术界产业界的紧密衔接，多方面加大培训经费的投入，通过多种方式、多种渠道广泛引进国内外的优质创新资源。

对培养过程的监控是提高人才培养质量的关键。任何教育活动的开展出发点都是好的，但由于主客观因素的影响，或多或少都会降低预期达到的目标效果，为了避免这种情况的发生，需要完善培养过程的监督机制。

集团要充分发挥上级部门的组织领导和监管能力。为了客观公正地进行监督，可成立人才培养质量考核小组，由参与单位各派主管人员参加，集团人才培训中心主任担任组长，合作高校及研究机构的主管人员担任副组长，集团各子公司人力资源部负责人担任小组成员。考核小组要按照制度的要求，有计划、有针对性地进行监督，严格参照人才培养的标准，上从管理者下至参加培训的员工，都要进行监督。要以高标准、严要求为办事原则，将监督落实到人、执行到位，强化监督力度。

培训中心、子公司和培训师资要相互监督。出版人才培养效果是在多方共同努力下实现的，任何一方没有尽责都不能保障培养的质量，子公司要监督培训师资的配备及培训效果的保障，培训中心要监督子公司对受训返岗人员的岗位培养，子公司和培训师资还要监督培训中心和基地对培训活动的组织实施和经费使用情况。同时，集团要健全基地管理体系，加强对子公司、培训中心和基地的监督管理，要求子公司、培训中心和培训基地提交人才培养年度报告，并接受其他基地的参观和评价。

集团各子公司在各自内部要建立一套民主科学的监督体系，充分发挥自我监督作用，不断自我监督和自我完善。企业要转变短期行为和封闭培养理念，在集团培训中心的组织协调下建构开放的人才培养体系。要强化管理能力，要有适当的措施、制度、机构处理培训中的问题，将与培训中心、聘请师资协同沟通的障碍和阻力降到最小。

集团在出版人才培养中也要进行自我完善。首先要通过独立的培训中心对人才培养进行监督。集团应该利用现代化的管理手段，对参与人才培养的各主体投入的资金、人力、物力、技术等人才培养资源进行评估和监督管理，对可能产生的管理成本、意外风险等进行防范。集团应制定推进人才培养的发展方向和发展计划，并处理在人才培养过程中可能出现的种种问题。集团要提升管理能力，组织协调好培训师资队伍建设、培训监管制度建设，在符合国家政策的前提下，努力使企业发展与员工个人发展相适应。

二、完善人才培养的配套机制

人才培养机制建设，必须不断完善配套机制，特别是有利于人才脱颖而出的用才评价机制，有利于人才全面发展的育才机制、复合型人才激励机制等配套机制，是保证出版人才培养的又一个关键。

1. 建立有利于人才脱颖而出的评价机制

企业在有了一定的人才基础之后的关键问题，就是怎样合理使用这些人才以及如何长期留住这些人才。因此，需要企业不断完善自身的用人制度，使人才能在良好的评价机制下脱颖而出。

首先，应当通过建立素质测评机制来选好人才。一是抓好人才开发性测评，主要是针对广大基层员工，建立广泛的人才评价机制，以确定具备培养潜力和培养价值的人才。二是进行阶段性的测评，是在经过初期的测评之后对选定的培养人才进行跟踪，侧重于对这些既定潜力人才的潜力值进行跟踪评估，并通过这一系列的观察对前期的规划进行完善和修改。

其次，用好现有人才。出版企业应积极构建岗位竞聘制度，对某些特定岗位实施竞聘制，结合岗位自身的特点及对人才的具体要求，专门设定一个聘期，一旦员工的任期结束，便采取竞聘制，弥补岗位的空缺。倘若所有的岗位空缺都采取竞聘的方式进行弥补，便可有效避免终身制的现象，同时可实现对安全管理人才的动态管理。

最后，积极构建科学、合理、公平、公正的考评机制，综合分析聘期考核与年度考核之间的共通点，以实际业绩为基准点建立一个成熟的人才评价指标体系，包括人才的业绩、品德、能力、知识等一系列要素，并由此建立一个相对应的奖惩办法，以促进人才的良好发展。

2. 建立有利于人才全面发展的育才机制

首先，制定科学的人才开发培养规划。对基层员工的培养，应当有计划有目的地轮岗锻炼，以及通过集团统筹下的师徒制等方式，提升基层员工的适应能力和沟通协调能力。对管理人才的培养，应着眼于提升综合素质和理论水平制订计划。通过调查发现，集团各子公司中高层管理人员对自身岗位的专业知识与经验有一定的自信，但在面对激烈的市场竞争时，则逐渐显现出自身存在的不足：一是不能充分把握企业的跨越式发展，二是在思想高度方面存在较大的局限性，很难进行思维创新。因此，在建立企业的人才培养机制时，应着力这方面的培训，打造既懂专业知识又有充足的实践经验的领军人才队伍，以满足企业不断发展壮大过程中对复合型人才的需求。

其次，着力培养后备人才。后备人才的培养对象主要是那些具有较高潜质的人才，可让他们暂时充当各级管理人员的助手，在具体的工作中不断积累管理经验，保障管理人才的延续性和持续性。

最后，建立人才培养库。在一定时期内，对选中的那些具备一定潜质的人才进行综合考评，将其中的优秀者纳入人才培养数据库，并随时做好库中人才的评估工作,及时掌握其成长状况,并结合企业各阶段对人才的需求,真正选出企业所需的人才,提升他们的专业素质。

3. 完善人才激励机制

优秀人才的获得与培养,需要自身不断完善的管理机制以及积极有效的激励机制,从而使人才能拥有更加广阔的发展空间。对出版企业而言,一套科学、合理的激励机制,有利于人才队伍的建设,从而为企业培养出更多更具实用性的人才,为企业创造出更多的价值。

留住人才最直接的方式就是制定相应的激励措施,鼓励人才的发展,特别是针对不同的对象实行不同的激励机制。对那些刚进入企业且具有较高的学历及较强的专业知识的年轻人才,需要提供更多的培训作为奖励,并为其提供一个更大的舞台,让其真正实现自己的价值。对那些基层员工而言,因其学历较低,一般不会有太高的职业诉求,若要激发他们的工作积极性,则以直接的物质激励为佳。

对培训具有较高热情的员工,可采用发展激励法,签订培训协议,完成培训后为其提供能够担当重任的机会。可以采用积极评价法,积极的鼓励评价能够为员工带来良好的工作情绪和工作效率。很多员工在取得一定成绩后,希望领导能够给予承认,得到领导的表扬与鼓励,因此企业领导在员工取得成绩后,不应吝啬表扬与激励,以提高员工的积极性。

第五节　出版人才继续教育课程体系建构

集团员工继续教育课程体系，是在集团战略目标统摄下，根据出版人才基本业务能力模型，基于各出版社和新华书店子公司对打造具有专业知识技能、综合素质完备、思想观念与时俱进、具有创新精神的新时代出版人才队伍的基本要求而设置的。课程体系力求突出专业技能与综合素质培养，努力使员工更加适应岗位要求，不断提升创新能力，创造更多具有传播价值与文化意义的文化精品，为集团战略目标实施奠定人才基础。

一、继续教育课程体系教学目标设置

出版继续教育课程与教学目标的确定，要满足国家、社会对人才的基本需要，符合陕西新华出版传媒集团发展对业务岗位的能力素质要求，体现子公司事业发展需要的基本知识、技能、品质等。学习人员在继续教育的培训过程中，能够掌握一定的知识和技能，获取相应的生产创作技能，通过继续教育培养，发扬自身的角色能力和良好个性。

课程与教学目标的确定，要将认知、情感、技能、应用四部分统一于完整的课程中。[①]认真分析出版事业和集团发展的整体需求，结合课程与教学内容，全面规划和设计出版人员在工作过程中需要的

---

① 曹俊军.课程与教学论[M].西安：西安交通大学出版社，2018：92-96.

知识、技能与价值观方面的追求，以满足编辑人员能力提升，促进其社会性发展。

知识随着社会的发展与科技水平的提升在不断更新，过去的某些知识与应用随着社会的发展可能已经逐渐落后与消亡，出版物中如录像带、磁带等已被淘汰的事物已不再具备学习性，要充分考虑知识的时代性特征。课程设置必须面对数字出版浪潮的来袭对以传统出版物和传统出版方式为习惯的冲击，强调大局意识与国际意识培养，在更加广阔的视域基础上理解接受并学习应用新文化与技能。

课程体系教学目标设置，要坚持统一性与多样性的兼收并蓄和有机结合，既要对内容和要求做统一的规划部署，保证继续教育的整体质量，也要根据接受课程的学员的素质差异和岗位要求区别做多样性部署，当今时代编辑人员面对的工作内容已不再是单纯面对文字工作，编辑人员还需面对作者与读者，寻找选题，关注市场动态，所需技能多种多样，需要学习与补充的点也不尽相同，因此，切忌简单的"一锅烩""一刀切"。

二、编辑继续教育专业课程方案

根据基准性胜任力与鉴定性胜任力的分类，将具体的课程分为通识教育课程、专业基础课程、出版技术课程、综合类课程四类（见表7-2）。在课时的安排上，根据各社的具体进度，按季度进行授课，课程的时长安排不拘泥于满足48小时的线下授课时长，根据各社的实际需求可进行延长。

表 7-2　编辑继续教育课程安排

课程类别	课程名称	基本内容	授课方式
通识教育课程	出版管理规范	编辑出版行业热门规范与最新政策走势	课堂教学/平台学习
	时事政治	掌握了解二十大精神、习近平新时代中国特色社会主义思想、两会重点等国家最新方针政策，掌握宏观预测出版大方向的能力	课堂教学/平台学习
	出版管理	学习借鉴其他行业成功的管理理念引入出版行业，如"企业大学院"思维等	课堂教学
	相关学科知识	人文历史、社会科学、中外文明、逻辑学、传播学、文献学、语言学等	课堂教学/平台学习
专业基础课程	编辑出版史论	编辑出版业历史与基础概念，适应于其他学科背景出版人员学习	课堂教学/平台学习
	互联网与新媒体	新媒体传播特点、路径和方式，典型案例	课堂教学/平台学习
	融合出版前沿	数字出版基础知识、理论概念、先进案例等	平台学习
	编辑全流程技能	编辑不仅仅只完成编辑活动，要树立预测市场、选题策划、图书发行的全流程理念	课堂教学/平台学习
	知识产权与著作权保护	IP 时代、数字出版背景下知识产权的管理与经验	课堂教学
	出版创意策划	聚焦集团及各出版社的出版定位进行针对性教学，加强专业知识培训	学术研讨会/课堂教学
出版技术课程	计算机多媒体	办公自动化软件、编辑出版相关专业软件、专业编校软件、设计软件、大数据信息搜索处理技能等	实操课

续表

课程类别	课程名称	基本内容	授课方式
综合类课程	职业规划	职业规划培训	交流课/经验分享
	职业修养	人文素养培训	交流课/经验分享
	团队建设	加强团队合作、创新、以老带新	实践教学
	公共关系培训	针对工作中的应变能力、反应能力等	课堂教学/平台学习

1. 通识教育课程

出版人员需要具备较强的专业性，熟练出版流程与具体工作，强调编辑既是"专家"也是"杂家"，编辑在面对选题时需要掌握与选题有关的具体知识，这对编辑本身的学科背景便提出了一定要求。加强通识教育有利于出版人员专业与广博的结合，使其形成合理的知识结构，对开展工作增添助益。通识教育课程设置为必修与选修两部分，包括新时代互联网思维新概念、其他行业先进管理理念等内容，编辑需接受出版以外领域的先进知识，学习经营管理。出版人员应有主人翁意识，树立全局意识，重视集团的兴衰荣辱，不断更新互联网思维，为出版转型奠定理论与思想基础。通识类选修课程分为人文历史、社会科学、数学与自然科学等模块，学员可根据工作需求和个人职业发展规划进行选择。

2. 专业基础课程

编辑的专业能力贯穿整个出版业务过程，并在各个环节得到体现。专业基础课程是整个课程体系当中的基础与重中之重。目前继续教育课程存在偏通识教育、专业知识针对性不强、编辑所学的内容与实际需求不符合等问题，若只一味倾向于通识教育，专业技能投入不足，则可能最终导致出版物的质量下降。集团下属的8家出版社都有各自不同的专业方向，因此在各社出版人员的组成上，学科背景与专业方向均有不同，有相当一部分出版人员在求学期间所学可能是具体的某一学科，如文学、历史、数学等，并未系统地学习过编辑理论知识，因此编辑理论基础较为薄弱，专业基础课程的学习针对这部分编辑学员具有更加明显的提升作用；与此同时，数字出版与新媒体不断发展涌现的知识在不断更新，持之以恒学习新理论、新知识方能顺应时代潮流。所以在课程的具体安排上，应设置编辑出版理论知识课、法律法规课程、数字出版与新媒体课程、图书经营管理课程等基础性课程。

在集团的统一规划下，各出版社制定本单位的继续教育培训计划时，要充分结合本社的出版方向进行图书策划与主题出版课程的制定。出版社可以组织出版人员参与相关学术研讨会，与业界专家学者进行面对面交流，获得有效的学术信息，丰富专业知识储备，为策划构思与本社出版方向相关的出版物提供思想参考；聘请相关领域的专家学者到单位进行短期培训，进行系统知识讲解。

3. 出版技术课程

出版人员在工作过程中需要用到诸多电脑软件辅助工作，不同类型的出版人员需要掌握不同的办公软件，对绝大多数编辑而言，熟练掌握办公自动化软件是进行文稿工作的基础；美术编辑则需要熟练运用Corel DRAW等设计类软件；此外还有校对软件等一系列与编辑出版相关的软件。针对实践技能的运用，出版人员可在日常工作中进行自学，出版社根据人员类别的划分可为其安排具有针对性的软件使用实操课。

4. 综合类课程

综合类课程下设职业规划、团队建设、职业修养、公共关系培训四门具体课程。

职业规划：由于不同阶段出版人员对待行业的熟练度与态度是在变化着的，编辑职业规划课程的设计应根据出版人员入行的时间长短分为三类：入职初期、专业化形成期、职业化时期。针对入职初期的编辑应当引导出版人员树立正确的出版观，夯实专业基础，做好入职初期职业规划，找寻在工作中的效能感与存在感，此阶段对编辑形成职业认同、走向专业化尤为重要；在打牢专业基础进入专业化时期，编辑进入了既是"专家"又是"杂家"的阶段，成为一专多能的复合型编辑人才，要引导出版人员根据专业背景、自身特长、工作风格与爱好培养自己的专业化方向；当编辑进入职业化时期，此阶段的出版人员往往已经作为编审身兼管理职能，在专业领域具备较高造诣，应当将职业规划与出版社的发展相结合，掌握全局思维，并着力培养优秀的编辑人才。在课程的方式上可以通过职业规划课程、开展团建加强团队合作、业内同行分享经验、编辑素质培育等开展。

团队建设：编辑工作既各自分工又紧密联系，出版人员之间的默契与配合度影响着产品的生产制作，加强编辑队伍团队建设是增强出版人员凝聚力的必由之路。完善编辑队伍，设定团队目标，开展交流活动与经验分享,是加强团队建设的有效途径。

职业修养:增加人文素养与编辑职业道德修养,培养编辑的文化自信与文化自觉,培养使命感,提升专业技能的修养与综合能力的修养等。编辑的职业修养培训通过专业技能课程、交流分享等开展。

公共关系培训:公共关系涉及管理能力培训,更多的是针对中高层管理人员与出版人员提高管理能力方面的训练。内容包括树立服务意识,处理好作者与读者关系,做好桥梁搭建;树立开放与互惠意识,处理好与外部机构的关系;等等。

三、继续教育课程体系设计

1. 个性化设计

基准性胜任力包含专业知识与政策法规两大类,反映了出版人员对于专业知识的掌握程度,容易在考核中实现量化鉴定。其中专业知识包含涉猎广泛的相关知识、职业思维能力、初步业务了解、语言驾驭能力、语言表达能力;政策法规包含出版敏感度、前沿追踪。根据不同胜任素质知识性强弱与可塑性高低的不同,需要对课程进行个性化的设计,针对基准性胜任力,可采用课程培训、讲座等传统的培训方法。专业知识的学习通过课程的模块化设置进行讲授,语言驾驭能力、语言表达能力可通过专题写作完成练习,政策法规、前沿知识的学习可由授课者针对具体条例进行解读分析,加深学员理解。针对鉴定性胜任素质,可以采取小组讨论、召开研讨会、学员自学的方法,学员通过互相交流工作心得、分享工作经验达到实现互相学习的效果。

2. 差异化培训

集团内部出版人员众多，不同编辑的专业知识储备、专业背景、工作年限、资质高低不尽相同，继续教育课程培训过程中要避免"吃大锅饭"，将所有出版人员会聚一堂简单上课的方式仅限于针对新兴出台的政策法规、业态新亮点的学习吸收，其余的课程培训则应采取差异化分类的方式。针对编辑不同发展阶段及需求，开发分层次、多模块的立体培训模式，落实"按需培训"，加强课程针对性。处于不同职业成长期的编辑具有不同的学习需求，出版社要深入了解编辑胜任力发展中的困难和问题，为编辑胜任力的养成量身打造培训方案。针对工作年限短、专业知识储备较少的编辑学员，应安排专题技能培训，教授出版编辑流程、编辑基础知识等专业课程，这些课程对于具有丰富工作经验的老编辑而言早已轻车熟路，并不需要花费时间精力再次学习；针对具有不同专业背景的出版人员，应为其安排专业课程的学习，不断增强他们的专业知识技能储备，用理论指导实践，同时进行必要的跨界知识教授，增强出版人员的综合素质能力储备。

3. "线上""线下"双通道

除普通的线下教育外，陕西新华出版传媒集团应着力打造行之有效的线上课程平台。当今时代，时间具有明显的"碎片化"特征，微学习模式的出现是出版人员进行移动学习和网络学习的最佳支撑，学员可自由选择学习时间、学习片段，通过网页、企业自制APP进行课程线上学习，使编辑学员从"脱产学习"的时间压力中解放出来，为出版人员节约时间成本与经济成本。

建立陕西新华出版传媒集团内部继续教育网络平台。平台以"新闻出版广电总局研修学院"为基础，集教育、管理、信息发布、互动等功能为一体，内容为陕西新华出版传媒集团的出版人员量身打造，课程体系的针对性更强。平台的功能主要有：第一，教育功能。网络课程的优点是机动灵活，学员可以不受时间、空间的限制，进行课程学习。第二，管理功能。凡具备教育资质的机构可以通过网络平台申请开设编辑继续教育培训班，经政府部门及集团审核通过后，便可在平台上开展授课活动，授课形式可以设置直播与录播两种，保证编辑学员知识获取的完备性。第三，信息发布功能。有关编辑继续教育的法律法规、政策条例发布应当作为平台建设的一个重要部分，同时进行解读与分析，帮助教师、学员、办学机构、集团及时获取掌握国家新兴政策，更新思想观念。第四，互动功能。开通留言版块，设立讨论组，建立学员意见反馈的通道；与社交软件进行绑定，方便编辑学员之间的线上交流互动，增加互动环节。

MOOC 课程开发。MOOC（Massive Open Online Course）课程，是指大规模在线开放课程，是近年来在全球范围内广受好评的在线课程开发模式。MOOC 以"互联网+教育"为基础，为学员提供广泛丰富的知识学习内容。在实际操作过程中，可以由新闻出版行政管理部门负责统筹协调，对编辑继续教育的课程进行规划，委托合作高校搭建 MOOC 平台，提供师资力量并进行课程开发。[1]MOOC 的课程

---

[1] 姜月,支晓亮.网络环境下媒体编辑的继续教育问题探究［J］.新闻研究导刊,2017,8(17):247.

体系搭建应具备课程视频、在线检测、成绩记录、反馈系统等设置，学员可以在平台上完成学习、考核等流程，系统记录学员问题并对教师进行反馈，教师根据反馈内容针对学员薄弱环节进行重点备课，加大疑难环节的讲授程度。

四、继续教育课程成果反馈评鉴

课程不是一成不变而是动态发展的，要不断完善继续教育课程体系，提高培训质量，必须建立科学的培训评估反馈机制。根据柯氏评估模型，培训效果可以从学员满意程度、学习获得程度、知识运用程度、绩效提升程度四个方面评估。培训的主要参与主体是学员、师资方（教师专家、机构、学校等）和委培企业。建立一套以学员反馈、专家反馈和企业反馈为要素的课程反馈系统，能够有效加强授课者与学员的沟通联系，增强课程培训效果。授课者为使准备课程达到最优授课效果，需要得到学员的反馈与评价，学员根据自身实际的学习需求，将建议反馈给授课者，授课者通过分析学员感受与需求，及时调整上课内容、授课方式、课程模式以便更加契合学员需求；课程结束后，学员通过反馈整个课程的系统学习效果，使授课者宏观了解到学员的实际学习效果，从而对课程内容做出客观的评价与检查。在这个过程中，可以邀请专家、领导进行课程评价，得到较为权威的建议与反馈，为以后课程的完善与充实提供建议与帮助。

1. 学员反馈

课前反馈。了解学员需求是教学成功的首要条件。在课程学习开始前，授课者可以针对学员的专业背景、岗位性质、近期工作内容、公司近期业务做相关调查，明确学员学习要求，使授课内容和课程安排具有针对性。

课中反馈。在课程培训过程中，授课者与学员的互动沟通十分重要，避免以往编辑继续教育过程中的单向"填鸭式"教育，学员被动接受学习内容，课堂上缺乏活力，学习效果大打折扣。因此，授课者需注意学员的课程吸收情况，了解学员需求，解答学员疑惑；学员在向授课者反馈课程学习过程中遇到的困难与疑问的同时，需对课程中需要进行修改或更新的部分提出建议，授课者可以依据学员在实际工作中的经验与建议及时对课程内容做出调整与完善。

课后反馈。在课程培训结束后的一段时间内，完成三项调查：一是课程满意度调查，了解学员对课程整体结构、培训内容、师资力量、学习效果的满意程度，授课者与教学管理者可依据实际反馈信息有针对性地调整后续课程的安排与规划。二是学员知识吸收程度调查，主要方式为课程考核。课程考核可以以提交学习心得、发表论文为主要方式。三是理论知识在工作中的应用程度调查，即学员工作行为的评估。理论知识应用程度调查为阶段性的考查，要了解课程学习对学员在实际工作中的效果与影响，非课程结束当下便可得出调查结果，学员对知识的应用反映在实际工作中，需要时间与实际工作效率的检验才可得出。对于学员行为评估可通过对比培训前后工作效果、行为表现得到，观察学员在培训过后的实际工作能力、解决问题能力是否得到提升，所学是否发挥了应用效果。

对于学员反馈的较为浅显的问题，如课程中的简单文字错误、内容格式错误等，属于改正难度小、可操作性强的问题，授课者及教学管理人员在收到这部分反馈意见后可及时更正。对于学员反馈的需要学习的内容，授课者可根据反馈，在教学计划中安排相应学习内容的教学；对于学员已掌握的知识点且无须进行重复学习的内容，教学者可在兼顾整体教学框架结构的基础上做合理的删减。对于学员反馈的实用性不强、在实际工作中难以落实的知识点与学习内容，在此要注意：学员的观点可能是片面狭隘的，授课者应充分参考专家意见，对收集的反馈意见做探讨分析，谨慎考虑相关内容的去存问题。

2. 专家反馈

出版编辑领域专家反馈。课程反馈与修正离不开权威力量的支持，专家作为专业领域内的知识人才，能够在全局观的高度上为课程提供最专业的保证与支持，避免课程培训中出现知识性错误。定期邀请行业专家对课程体系的内容进行全方位的评价反馈，确保课程体系的动态修正，同时能够避免课程体系建成后便成为一潭死水，缺乏进步与革新，集团负责教学管理的人员与授课者可参照专家的建议结合实际内容对编辑继续教育课程体系进行调整与修改。

相关领域专家反馈。出版业由于工作性质涉及各行各业，课程反馈过程中，出版编辑领域内部专家反馈为课程的基础提供权威的依据与参考，而外部领域专家则可以根据实际课程内容给出更具针对性的参考建议，如新闻学、传播学、文学、历史学以及其他领域的专业等。相关领域专家的保驾护航可以为课程体系的科学性提供坚实的基础，为学员学习的准确性与科学性提供专业保障。

对于内外部专家的意见与反馈进行综合的考量与分析，切忌照单全收。在接收反馈意见时，要考虑课程的系统性与完整性，在课程安排前期要做好充分的准备，综合考虑课程各方面的需求，广泛吸纳各方面人员的建议；课程体系建立完成后，对于简单的可操作性强的内容修改难度较小，但对于需要进行大幅度改动的内容则会不可避免地影响整体课程体系的结构变动，因此，前期的课程体系把控至关重要。

3. 企业反馈

企业对学员整体素质情况有较为准确的了解，部门主管人员对学员的了解程度最高，熟知学员的日常工作情况，对学员的课程学习需求、课程接受度有一定的把握，也能及时在课程学习后知悉学员的学习效果，引入领导人员的反馈意见，能够从集团子公司内部出发，为课程体系的建设、修改、提升做出宏观的把握与保证。

要建立学员培训效果跟踪评价制度。根据学员岗位工作特点，选取核心评价指标，研判学员培训前后在创造经济效益、提升管理水平等方面产生的实实在在的价值，以此来更为客观地评价反馈培训效果，更为精准地完善课程体系，用看得见摸得着的数据争取企业决策层对培训工作的支持。

五、继续教育的监督与管理

监督机制是一个组织顺利完成各项活动的关键组成部分。执行有力的保障体系是编辑继续教育教学任务按时、高质量完成的基础和依托，同时规范与抑制继续教育开展过程中的一些弊端与不足。

陕西新华出版传媒集团在继续教育课程体系建设的同时应引入相关管理事项。

1. 制定科学规范的评估指标体系

依照相关规章制度科学而又切实地制定继续教育全流程评估指标体系，作为实施监督的客观依据。①整个评估体系中应包含对编辑继续教育课程设置的目的与原则、课程体系设置、教学内容、教学方式、教学设置、教学手段、组织形式等多方面的评估，要有总体指标，同时有分段实施的指标，指标体系需验证课程体系的系统性、全面性、可行性。

2. 专设职能部门进行监督管理

《国家中长期教育改革和发展规划纲要（2010—2020 年）》明确提出"要建立协调机构"，应完善健全继续教育管理机构，有专人负责继续教育事务。学习先进企业的经验，探索成立企业大学或培训事业部，赋予其相应的责权，由其统一协调培训资源，打通上下游节点，实现培训价值最大化。②在课程系统规划，陕西新华出版传媒集团要设置专人负责继续教育课程的开设，进行权责分配，设置专人管理，设置教学管理人员负责教师与学员的接洽，一般由人力资源部门专员负责。具体业务包括课前通联、课中信息收集、课后考核等内容。确保责任到人，每个环节由专人负责。针对继续教育花费大量人力物力财力的痼疾，提出针对性保障措施：专款专用，单独核算。

---

① 潘士君. 转型背景下区域建构继续教育体系策略研究［M］. 沈阳：辽宁人民出版社，2016：239.

② 张炜. 如何让人才脱颖而出——陕西新华出版传媒集团员工培训的实践与思考［C］//韬奋基金会秘书处. 出版人才专业培养与继续教育：第六届韬奋出版人才高端论坛论文集. 济南：山东人民出版社，2018：122.

对讲师的课程费用、学员的讲义材料费、消耗硬件费用、培训场地费需要做清晰的梳理与记录,详细记录开支等事项。

3. 出版人员发挥主人翁意识

出版人员作为课程接受的主体,对课程的流程设计满意度最有发言权,对课程体系设计的质量、流程合理性等都可以起到建议与监督作用。

总之,人才是出版企业的核心资源,人才培养工作是出版企业健康可持续发展的生命线,必须要有科学的发展战略、健全的规章制度、系统的工作计划、合理的经费保障和一支专业、高效的培训管理者队伍确保实施。

第八章

出版人才激励考核任用及退出机制

人才是出版单位的核心资源和生产力，人才激励考核、任用和退出是人才队伍发展壮大、稳定延续的基石，是实现出版企业可持续发展的重要保障。出版企业应该把建立健全人才激励机制、任用机制和退出机制作为本单位发展的重中之重来抓，激励员工为出版事业不断开拓进取，实现单位与个人价值的"双赢"。

第一节 出版人才激励机制

激励机制是出版单位人才建设的重要环节和主要措施之一，通过科学、有效、可行的激励手段，能够最大限度地推动出版单位人才队伍发展壮大，形成干事创业精气神饱满的良好工作氛围，有利于不断推动出版事业良性循环发展。根据管理学理论与出版单位发展实践，较为健全的出版人才激励机制应当包括绩效薪酬激励、成长激励、项目激励、精神激励、福利激励等方面。

一、绩效薪酬激励

这里提出的绩效薪酬激励，指的是通过薪酬的分配方式来激发员工工作的积极性和创造性，这也是最基本、最直接的激励方式。一个合理、有效的绩效薪酬激励应该综合运用宽带薪酬、集体性奖金等手段，从而构建一个凸显公平、良性竞争的绩效薪酬体系。

1. 推行宽带薪酬制

（1）宽带薪酬制的概念与特点

宽带薪酬制源于20世纪末，是一种与企业组织扁平化、流程再造等管理战略与理念相配套的新型薪酬结构，所谓"带"指的是每个工资级次，"宽带"就是在一个级次中工资上下浮动的范围较大，也就是用少量（通常为几个）跨度较大的工资范围来代替原有数量较多的工资级次的跨度范围，将原有单位数十个工资级次整合为几个级次，取消原有严格、固化的工资级次差别，在每个级次中根据绩效完成情况进行浮动的薪酬制度。

宽带薪酬制的特点和优势非常明显：出版单位传统的薪酬分配模式层级森严且固化，很大程度上限制了员工薪酬水平提升的进度和幅度，会导致出版单位员工一心谋求职位晋升或者转为行政管理岗位，不利于出版发行工作的发展，同时也打击了员工努力进步的积极性。而宽带薪酬制度以工作业绩完成情况为核心，充分适应现代出版单位特别是出版企业的发展需求，可以在工作职位不变的情况下，通过个人的努力付出和优良业绩的取得，获得丰厚的绩效薪酬，实现真正的"多劳多得"，充分体现了以人为本、鼓励创造的管理理念。

（2）实施宽带薪酬制的原则

①市场性原则。在确定"宽带"的时候，要充分考虑行业薪酬水平情况和单位自身实力水平，较为客观地确定或变更每一工资级次的水平和浮动范围，既要保持单位自身薪酬水平的竞争力，充分引进和鼓励人才，避免人才流失，也要兼顾人力成本考量，避免薪酬成本浪费。

②差异化原则。要根据岗位和职级特点，有针对性地制定工资级次和浮动范围，比如业务岗位的工资水平要普遍高于行政管理岗位，最高可以达到单位领导层的水平，甚至更高，最低可以与行政管理岗位持平，实现正向引导和绩效激励最大化。

③合法性原则。出版单位一定要充分依法依规依纪制定和落实宽带薪酬制度，一定要在满足员工合法的、基本的薪酬待遇的前提下进行，不能随意克扣员工正常的薪酬所得，不得执行"零薪酬"等违法制度。

2. 集体性奖金制度

(1) 集体性奖金的概念和特点

集体性奖金是指一个集体（部门、团队）通过达成工作业绩而获得的针对整个集体的薪酬奖励。出版单位常见的集体性奖金通常包括先进集体、先进部门、先进项目团队、先进党组织等荣誉取得的奖金奖励，集体再根据成员数量和贡献大小进行奖金的内部分配。集体性奖励既是对整个集体的肯定，也是对个人的肯定，能够极大地提升集体荣誉感和团队凝聚力，具有较好的正向激励作用。

（2）集体性奖金设置的原则

①稳定性原则。集体性奖金最好能以单位的一项基本制度确定下来，不同类型、不同等次的奖金设置，要明确评比的主要依据和具体标准，突出延续性和稳定性。近些年，一些出版单位把集体性奖金纳入"三项机制"的鼓励激励办法中，不失为一种明智的做法。

②公平性原则。一方面，要严格明确和控制集体范围，一个集体应该具有高度的凝聚性和协作性，在团队协作完成工作的过程中，每位成员都依照分工尽其职责，奖励也针对的是对集体工作有贡献的成员，而不能随便扩大集体范围，杜绝"搭便车"现象，若将"闲杂人等"纳入奖励范围，则会破坏奖励的指向性和公平性；另一方面，尽力量化集体中成员的实际贡献，按照成员分工和贡献多寡，进行奖金分配，避免"平均主义大锅饭"现象。

二、成长激励

这里提出的成长激励，指的是通过满足员工的职业成长需求，来激励员工不断提高工作技能，实现职业理想。健全的成长激励主要包括晋升激励和培训激励两大方面。

1. 晋升激励

（1）晋升激励的概念和特点

晋升激励指的是通过职务或职级晋升的方式来激励员工的措施，是最基本、最重要的激励方式之一。一般来讲，员工获得晋升机会，是对其个人能力和工作成效的极大肯定。职务或职级晋升，是员工个人职业生涯发展的基本诉求、实现路径和最终结果，具有里程碑式的意义。伴随着晋升而来的，可以是更高的经济地位、社会地位，是更多的晋升机会，甚至是更多的外部选择机会，激励作用之大不言而喻。

（2）晋升激励的原则

①做好职业生涯规划工作。职业生涯规划，是用人单位对员工职业成长路径的综合判断和培养方向，是员工职业生涯的蓝图。对员工来说，一个科学合理的职业规划，比当下丰厚的物质激励更加重要。出版单位应该从单位发展的需求、员工的素质能力等客观因素和员工对成长的主观意愿出发，本着双赢的目标，为员工设计职业成长路径。出版单位最好能为员工成长提供"双轨制路径"，即专业技术类路径和行政管理类路径两条平行晋升路径，甚至可以继续细分路径，便于个人根据单位需要和自身因素转岗或者培养综合能力，从而使员工看到广阔的成长前景，对个人发展满怀信心，发挥良好的激励作用，同时也能避免优秀人才的流失。

②突出公平竞争性。要始终坚持德才兼备、任人唯贤的晋升原则，明确晋升或者选拔任用标准，凸显公开、公平竞争，形成力争上游的激励效果，避免传统的"论资排辈"现象。

③正负激励相结合，建立"能上能下"双向流动制。对表现优异、贡献突出的员工进行正向激励的同时，设计与晋升相反的负激励措施，对工作态度不端正、业绩不佳、工作存在过失或错误的员工予以岗位调整、延缓晋升、降职甚至解聘等处理，避免在员工中形成"干好干坏都一样，干好干坏都晋升"的错误观念。出版单位可以把

"能上能下"双向流动制作为单位的基本制度，写入"三项机制"加以运用。

2. 培训激励

（1）培训激励的概念和特点

培训激励就是通过让员工获得教育培训的机会来发挥激励作用的措施。伴随着"知识爆炸"时代的来临和"终身学习"理念的兴起，持续学习已经成为个人发展和实现价值的必要路径，无论是入职培训还是职业发展培训，无论是业务培训还是行政、党务工作培训，无论是单一培训还是复合培训，对于员工来说，都是一种宝贵而重要的机会，因此，培训激励也自然成了吸引、培养甚至留住人才的重要之举。

（2）培训激励的原则

①丰富培训内容和方式。出版单位应该着力建设面向未来、面向市场的培训体系，创新培训手段，不断丰富培训内容和层次，为不同工种、不同层次的员工，因人制宜去设计培训内容和方式，为其提供不同专业方向、不同应用目的、不同深度、不同规模、不同形式的培训和学习机会，为员工提升本职工作业务水平、培养复合型能力或者转岗等提供丰富和优质的深造途径。

②运用好培训结果。出版单位应当将培训结果与受训者的录用、待遇、晋升和提拔挂钩，让员工明确自己的努力目标和所需要的学习内容，使培训学习成为一种自觉、一种主动、一种渴望，形成"谁受训、谁受益"的良好氛围，让"终身学习"内化于心，让"终身就业"外化于行。

三、项目激励

1. 项目激励的概念和特点

项目激励是指通过参与项目团队，申报和实施各种出版资源项目，依靠项目引领作用，让员工在项目中锻炼本领、提升能力、实现价值。参与项目工作的最大特点是能够在较短的时间内，迅速提升员工的业务水平、综合素养以及团队协作能力，员工往往把进入项目团队作为自己能力得到认可和迅速成长的机会，同时，项目完成往往伴随着物质和精神双重奖励，因此，项目激励越来越受到出版单位员工的欢迎。

2. 项目激励的原则

（1）注重项目实施的完整性

这里提出的项目实施的完整性指的是项目策划、筹备、组稿（建设）、修正（调试）到最终完成的全过程，既要保证项目实施的成果质量，又要达到项目实施的进度和时限要求。这样才能充分历练员工的业务实践能力和团队协作能力，让员工从适度的压力中激发自身潜能、充分展示才华、快速自我提升，从而更好地发挥项目激励的作用。

（2）注重发掘和培养领导型人才

项目的顺利实施，不仅要靠过硬的专业水平，也离不开科学统筹部署的领导力。在项目实施中，项目负责人要注意发掘和培养其他成员的领导能力，通过言传身教和适度放权，锻炼成员的组织能力，为未来的项目或出版单位培养领导人才。

（3）严格项目资金管理

首先，要严格依法依规依纪管理项目资金，严格按照有关规定和程序计提、使用项目资金，避免项目资金的法纪风险；其次，如果项目存在激励奖金，类似前面所说的集体性奖金，应按照成员实际贡献大小，并采用分阶段发放的形式，按照项目进度发放相应奖励，既有利于项目按期进展，又能发挥及时激励的效果。

四、精神激励

根据马斯洛需求模型，在当今物质条件越来越好的背景下，获得精神层面的尊重和认可，已成为当代人的基本需求。特别是出版单位的员工，多为知识分子且从事精神文化事业，在精神需求领域会有更高的要求。关于精神激励，不同的学者有不同的观点，这里提出的精神激励，主要指的是通过精神性奖励和创造良好的工作软环境来发挥对员工的激励作用。

1. 精神性奖励激励

精神性奖励，也可称为荣誉奖励，指的是通过对表现突出的员工授予荣誉来发挥激励作用。出版单位通过举办各种职工专业技能竞赛，组织党员、党组织评优评先活动，开展先进单位、优秀经营管理者、优秀员工评选等活动，来表彰先进者、推广先进做法和经验，既能激励获奖者本身焕发出更强大的事业心，又能充分激发广大员工向优秀者学习、力争上游的工作激情。在进行精神性奖励的同时，可以搭配一种或者多种其他奖励，例如增加晋升机会，或者颁发奖金、奖品等物质性奖励的方式，从而产生多重激励效果。

2. 工作软环境激励

笔者这里所指的工作软环境，是能对人心理层面带来潜在影响的工作氛围，包括工作压力、人际关系、企业文化等诸多方面，而工作软环境激励，指的就是通过营造良好的工作软环境，不断激励员工爱岗敬业、团结奋进。笔者认为工作软环境激励主要分为弹性工作、情感关怀、企业文化三个方面。

（1）弹性工作

弹性工作指的是在高效完成工作的前提下，赋予员工一定程度上的自行支配工作时间和工作方式的权限。出版单位的员工主要从事的是创造性的脑力工作，需要独立思考甚至个性化的工作方式，相对固定的工作时间和场地约束，有时不太符合员工的实际需求，特别是在互联网和信息技术如此发达的今天，办公场所和时间都可以根据实际情况灵活变通。出版单位可以创新考勤模式，合理放权于员工，执行弹性工作时间和工作地点，让员工合理安排个人的工作和业余时间，能够自行支配一定程度的人财物资源，从而提高创造力和工作效率，减轻员工心理压力，避免不必要的、机械死板的考勤制度给员工带来的负面影响。

（2）情感关怀

这里所说的情感关怀，指的是出版单位领导或者同事对员工个人的关心、抚慰等心理支持。笔者认为成熟的情感关怀至少包括领导关怀和员工沟通两个方面。

①领导关怀。领导关怀主要是单位领导或部门领导要经常关心下属员工，倾听员工在工作、生活方面的诉求和心声，亲力亲为帮助

员工解决实际问题；领导风格民主、有亲和力，愿意与员工进行平等交流，愿意听取和采纳员工提出的合理性意见或建议，使员工感到充分被尊重，激发员工对工作的积极性和创造性，避免压抑或畏惧的心理氛围对员工工作带来不利影响。

②员工沟通。出版单位特别是大型出版集团，所属单位和部门较多，员工之间大多数时候只有在对口工作上有交往，很多员工之间甚至从来没有交集，有时在工作中会产生一些误解、矛盾或者隔阂，会影响单位、部门或团队的士气和凝聚力。所以，出版单位应该通过组织大量的岗位交流、业务竞赛、文体活动、建立兴趣团体等交流形式，加强员工之间的交流和情谊，增进彼此的理解和信任，培养员工间团结奋进、互助友爱的良好氛围，使员工在良好的人际关系中，保持好的心理状态投入到工作中去。

（3）企业文化

企业文化是企业人格化的灵魂，是企业在发展过程中形成的信念、追求、价值取向等内在精神，是企业的"三观"，影响和激励着每位员工的工作态度和精神风貌，优秀的企业文化是企业巨大的无形资产，可以发挥巨大的激励作用。不同的企业有不同的企业文化，不同行业的企业文化更是相去甚远，对于出版单位而言，良好的企业文化应当至少具备以下几个特点：

①尊重知识，尊重人才。出版企业是典型的生产知识型成果的知识密集型组织，人才是唯一也是最大的核心资源。出版企业应该建设起尊重知识、尊重人才的文化氛围，无论是从物质待遇，还是从精神需求满足上，都应该以维护和提高知识分子较高的经济和社会

地位为目标，重视知识成果，重视人才培养，这样才能充分激励广大员工不断提升自身综合素养，为广大读者生产更多更好的精神食粮。

②鼓励奉献，弘扬工匠精神。党的十九大报告提出："建设知识型、技能型、创新型劳动者大军，弘扬劳模精神和工匠精神，营造劳动光荣的社会风尚和精益求精的敬业风气。"出版业的发展，需要知识储备丰富、专业能力精湛的高素质人才队伍，更需要的是这些人才能够几十年如一日地潜心研究市场、打磨选题、打造品牌、多出精品。所以出版企业要不断强化员工的阵地意识和使命担当，培养员工不计个人得失、主动奉献出版事业的品质，将自己的专业知识和先进理念倾注在每个图书作品中，更好地引领时代和大众。

③科学激励，赏罚分明。一方面，出版单位要针对不同岗位和人才的特点，设计激励的方式或组合，以人岗相适为基础，实现激励相适，充分调动人才的工作积极性；另一方面，形成表彰先进、鼓励后进、惩罚庸懒散的机制，区别评价员工的工作态度和工作业绩，不搞平均主义和好人主义，实现"能者上、平者让、庸者下"。

五、福利激励

福利激励是对主流物质激励（如绩效薪酬激励）之外的补充性物质激励，虽然是补充性激励，但其重要性丝毫不亚于绩效薪酬激励，反而在当前行业内绩效薪酬水平逐渐成熟、透明的情况下，福利激励往往成为吸引人才、留住人才的关键。这里提出的福利激励，主要包括社保性福利激励、股权激励及生活性福利激励。

1. 社保性福利激励

通过研究和比较国内外先进企业的做法，对出版企业而言，最适合也最有效的社保性福利激励方式就是建立年金制度。随着如今老龄化趋势不断加剧，年金制度作为一种补充养老保险，已经成为养老保险体系的第二支柱，作为一种具有长期延展性质的激励手段，它能增强员工对于企业的信赖和安全感，也增加了企业对员工的长期人力资本投资，帮助企业和员工之间形成长期契约，克服或减少了企业与员工的短期化行为，因此，年金与股票、期权一起被国外企业称作留住人才的三副"金手铐"。根据我国养老政策的规定及趋势，出版单位的原事业身份人员，将按照要求建立职业年金，而对广大的企业身份人员，应主动建立企业年金制度，保证与原事业身份人员的年金待遇相平衡，保证激励作用的一致性和平等性。

2. 股权激励

（1）股权激励的概念和意义

在文化体制改革往纵深发展的背景下，原国有出版发行单位纷纷转企改制，投入到市场化的大潮中，集团化企业规模化出现，大量上市公司也随之出现，运营机制也变得更为灵活，股份制作为一种基本形态在出版发行行业生根发芽。同时，伴随着《中华人民共和国公司法》《中华人民共和国证券法》的修订完善，《国有控股上市公司（境内）实施股权激励试行办法》《关于规范国有企业职工持股、投资的意见》《关于进一步推进新闻出版体制改革的指导意见》《关于加快出版传媒集团改革发展的指导意见》等文件相继出台，出版单位开展股权激励有了制度背书。

适用于出版单位的股权激励是指通过给予出版单位经营领导者、有突出贡献者甚至所有员工一定份额的股份，使其能够以单位主人翁的角色参与决策、共享成果、共担风险；或者采用股权分离的方式，使其仍享受股价收益或分红，从而发挥中长期激励的效果。股权激励作为绩效薪酬激励之外的薪酬性激励，具有显著的长期激励功能，能够将单位利益和员工利益紧密联系起来，形成利益共同体，使员工一定程度上成为单位的所有者，增强员工的归属感和主人翁意识，有利于激励员工努力工作、创造佳绩，同时，亦能发挥减少人才流失、分散单位经营风险的作用。

（2）股权激励的原则

①扩大范围，分层实施。首先，股权激励的对象不应单单是单位的高级管理层，应该涉及单位中层、业务骨干甚至每位员工，充分激发广大员工的主动性和创造性；其次，按照层级和贡献大小设定奖励份额，避免平均主义，从而形成激励层次。

②灵活运用不同的股权激励形式。股权激励在实践中可以存在业绩股票、限制性股票、虚拟股票、股票期权、股票增值权、延期支付、经营者持股、员工持股、账面价值增值权等多种形式，出版单位可以根据单位实际，对不同层次、不同工种、不同贡献的员工，采取一种或者多种股权激励形式。

3. 生活性福利激励

（1）生活性福利激励的概念和意义

以上所提到的激励手段，多是从工作的角度出发设计的激励模式，而健全的激励手段，不应仅与工作相关，而是应该拓展到生活的诸多方面，特别是出版单位的员工，多为知识性人才，对个人生活质量也会有更高的追求，如果将激励手段拓展至生活领域，更能使员工感到单位对自己的关怀和重视，提高从事出版发行工作的尊严感和优越感，从而起到良性激励作用。

这里提出的生活性福利激励，指的是为员工提供业余生活方面的福利待遇从而激励员工爱岗敬业的激励手段。通常包括集体出游、免费工作餐、健康体检、观影或演出福利、健身福利、子女教育福利等，可以涉及生活的各个方面。

（2）生活性福利激励的原则

①严格做到依法依规依纪。出版单位大多数属于国有企业，在遵守国家法律法规的前提下，还要严格遵守党内有关纪律和上级有关要求。在为员工设计生活性福利激励措施的时候，严格遵守中央八项规定精神及相关规定，注意福利的发放形式和发放标准，杜绝各种违法违规违纪发放。

②注重差异性。在实施激励过程中，诸如集体出游、免费工作餐、健康体检等生活性福利激励一般是员工共有的，但是要充分考虑到员工年龄层次和兴趣爱好的个体差异，在保持同等待遇的基础上，尽可能地提供可供员工选择的福利项目，满足个性化需求。

第二节　出版企业人才任用机制

一、出版人才管理体系建构

根据现代企业人才管理理论，企业的人才管理体系应该从企业发展战略出发，综合考虑企业人才技能与结构，以企业绩效提升为目的，选择合适的人才开发策略。具体来说，出版企业人才管理体系应包括能力管理、职业发展和绩效激励三大体系。

1. 能力管理体系

能力管理是人才管理的核心和基本出发点。从组织能力获取的角度来说，能力管理体系主要包括：学习与培训体系、招聘与选拔体系、调配与发展体系。

对于知识密集型的出版企业来说，加强学习型组织建设，构建基于胜任力模型的模块化培训体系刻不容缓。在"互联网+"、大数据和5G技术日益普及的今天，读者需求、产品形态、出版模式、编校技术、营销理念等都已发生了颠覆性的变化，支撑出版单位的核心能力体系在不断演进。对出版企业来说，必须转变观念、拥抱改变，根据企业的使命、愿景和定位明确发展战略，理清人才需求的数量和结构，明确组织能力短板，制订培训计划。在实施培训计划过程中，要积极营造学习氛围，激发员工自主学习的内生动力，同时，通过建立模块化培训体系，将人岗匹配程度进一步量化，使培训结果能及时评估反馈，并通过薪酬、晋升等激励机制强化绩效提升。

招聘与选拔体系作为补充企业人力资源、维持企业活力的重要保障，能够有效弥补企业因业务快速拓展、内部人才供给不足导致的组织能力结构性失衡。对于传统出版企业来说，随着数字化转型升级和集团化兼并重组的持续推进，出版单位对编辑、营销、设计人员的要求也在不断丰富，并呈现出差异化、专业化需求。比如编辑岗位，除传统纸质图书策划和文案编辑岗位外，随着数字化程度加深，逐渐分化出数字化布局与战略分析、融媒体资源开发、大数据挖掘和读者需求分析、网页设计与人机交互体验优化、数字版权开发管理等专业岗位。

调配与发展体系是企业通过内部人力资源优化重组和员工职业生涯设计，促进企业整体效能的最大化和可持续化发展。对传统出版单位来说，在实现转型升级和业务重组的过程中，数字化创新型人才与传统业务人才并存，经验丰富的老员工与新入职的高学历"菜鸟"并存，如何调和各种不同的风格，形成统一的积极的企业文化，是企业能力建设的重要命题。出版企业可以根据自身情况，引入认知学徒制培养模式或探索建立企业大学，通过老带新，知识优势互补，提升人才培养效率，达到1+1大于2的效果。

2. 职业发展体系

职业发展体系主要解决人才在组织内的成长路径问题。对于出版企业来说，传统科层制管理体系不仅导致组织层级过多、面对市场的反应和决策效率下降，还在很大程度上限制了一线编校、营销业务人才的职业发展。许多传统出版单位的优秀编辑、营销人员，业务能力突出，绩效优秀，但管理能力不足，不适合提拔为中层管理者，如何解决其自我发展的需要成为亟待解决的问题。对于此类问题，可以根据出版单位知识型人才比例较大的特点，采取职务与职称（技能）双通道模式，对高层次知识型人才通过职称、技能提升和内部模块化培训体系晋级匹配相应的薪酬待遇和资源。

3. 绩效激励体系

绩效激励体系指为更好地留住和使用人才而配套的舒适的工作环境、有凝聚力的企业文化、科学的绩效考核和薪酬福利的总和。出版企业文化人扎堆，在进行人才管理的过程中，要根据岗位实行差别化管理，给予其充分尊重。对策划编辑等创新型人才的岗位职责和工作内容不宜要求过细，同时要允许其合理"试错"，在绩效考核时不能单纯以效益论英雄，要合理引导，创造相对宽松的环境，充分挖掘绩效潜力。在绩效激励方面，一方面要依据人才的能力和贡献匹配相应的薪酬福利，另一方面要结合知识性人才的特点将优质培训、参与重点项目等纳入激励范畴，增加人才的归属感，并通过培训、项目锻炼持续提升绩效能力，促进学习型组织的建立。

二、出版人才管理制度与机制建设

1. 出版人才选拔管理制度建设

出版人才要实行岗位差异化、依据标准化、管理动态化的人才选拔管理制度。岗位差异化是指对出版单位内部的岗位进行系统的工作分析，将策划编辑、数字出版、新媒体营销等创新型业务岗位与行政管理、文案编校、后勤保障等传统岗位区别开，依据胜任力模型明确各岗位素质要求和工作职责，并采取差异化的选拔管理制度。比如对数字出版人才，可以依据其亲近互联网的特点采取网络化方式开展招聘，利用简历筛选工具、视频面试等工具，可以大大节省招聘成本，同时动态更新的人才数据库可以及时保证人才流动后的补充。依据标准化是指在具体岗位的人才选拔和晋升过程中，充分运用模块化培训体系的评价机制，对人才能力水平进行网格化、等级化评价，使岗位需求与人才能力精准匹配，保障人才选拔的科学性和精确性。管理动态化是指依据岗位绩效和培训反馈对现有岗位人才进行动态评价和调整，同时对企业外部人才保持高效联系，纳入统一的人才档案库，及时补充更新。

2. 出版人才培养与退出机制建设

人才培养需要企业投入时间、金钱和机会成本，因此必须考虑投入与产出的关系，评估人才培养效果，对不符合岗位要求的要及时调整并引入退出机制。首先，人才通过学习、培训和在工作中锻炼，逐渐拉开能力水平。对于好学上进、综合素质高、敢于担责、勇于创新并在某一领域保持优势地位的高绩效优秀人才，要及时提拔到重要岗位上；对于不思进取、工作消极、刚愎自用、德不配位的员工，要及时通过绩效面谈、培训、转岗、待岗等方式使其从现有岗位退出。其次，由于组织战略调整，导致组织结构和人才需求变动，为达成组织功能，一些新的岗位虚位以待，而另一些旧的岗位则丧失了存在的必要，这就要求有合适的机制、规范的流程来调配人员、退出岗位。再次，退出机制要慎重，要有风险意识。人才选拔培养需要投入许多的沉没成本，而组织也需要保持相对的稳定性，要给与人才尤其是创新型人才更多的"试错"机会，慎用退出机制。对出版企业来说，策划编辑、新媒体营销等创新型岗位，岗位职责相对模糊，需要发挥主观能动性，在瞬息万变的市场中杀伐决断，不犯错是不可能的。不能简单地以结果论英雄，要注重引入过程分析，全面评价其在全流程中表现出的专业素养、创新意识、决策能力、企业忠诚度等因素，制定明确的退出标准。最后，对于岗位匹配度差、学习能力弱、可替代性强的员工要及时从重要岗位上调整下来。退出机制要依法合规、有章可循，要与薪酬福利、用工管理、培训体系有机联系，维持组织高效的弹性和骨干的稳定性，使员工有归属感和适当的紧迫感。

第三节　出版单位人才退出机制

出版单位人才退出机制是指出版单位根据党和国家有关法律法规及政策性文件，结合出版单位发展实际，对领导人员和出版人才做出退出领导岗位或离开出版单位等退出方式的规范总称。出版单位人才退出机制设计应该涉及"能下"和"能出"两大内涵，至少包括约束性退出机制、市场化退出机制、改革性退出机制三个大类。

一、约束性退出机制

这里提出的约束性退出机制，主要指的是国有出版单位中针对领导人员和出版人才的基于目标考核的负面评价体系，是贯彻落实中央和地方关于出版单位领导人员和从业人员"能上能下"的具体实践。在机制设计上，要坚持"三个区分开来"，即把在推进改革中因缺乏经验、先行先试出现的失误和错误，同明知故犯的违纪违法行为区分开来；把上级尚无明确限制的探索性试验中的失误和错误，同上级明令禁止后依然我行我素的违纪违法行为区分开来；把为推动发展的无意过失，同为谋取私利的违纪违法行为区分开来。切实解决领导人员和人才队伍中存在的不想为、不会为和不敢为问题，充分调动广大出版从业人员干事创业的积极性，推动形成能者上、庸者下、劣者汰的用人导向和政治生态。

1. 出版单位领导人员"能下"机制

（1）适用范围

约束性退出机制的适用范围为出版单位中的领导人员和出版人才。旨在着力规范现代出版单位治理结构及其运行机制，建立健全不适应新常态、履职不力、担当不足、工作平庸，不适宜担任现职的出版人才调整退出机制。对相关人员涉及违法违纪的，按照有关规定办理。

（2）基本原则

坚持实事求是、客观公正、权责一致、党政同责、依法治企、综合研判、与法周全、与事简便的原则。

（3）约束性方式

基于考核结果、履职偏差、失职过错等客观事实，按照年度和任期目标责任考核评价结果为依据，突出经营业绩考核评价，综合运用国有资产保值增值、推进深化改革重点工作以及在出版导向、安全生产、维护稳定、党的建设、专项工作方面工作不力的责任认定结果，视情节轻重，对领导人员和专业人才采取调离岗位、降低职务、引咎辞职、责令辞职、免职（解聘）等方式。

（4）评价标准设计

①依据年度和任期目标责任考核中经营业绩评价结果进行调整：连续两个年度经营业绩考核综合评价结果为"差"等次，或者任期经营业绩考核综合评价结果为"差"等次的公司主要负责人和有

关领导人员；任期内无重大客观原因，未实现国有资产保值增值目标的公司主要负责人；因企业会计信息严重失实或者提供虚假信息导致经营业绩考核结果严重不实的公司主要负责人和有关领导干部。

②依据年度和任期目标责任考核中领导班子和领导干部评价结果进行调整：连续两个年度领导班子年度考核评价结果为"较差"等次，或者任期领导班子考核评价结果为"较差"等次的公司主要负责人；领导人员连续两个年度考核结果未达到称职等次，或者任期考核评价结果为不称职等次的领导人员；年度考核中，领导人员个人民主测评基本称职和不称职得票率在30%以上，且不称职得票率超过15%，经综合研判不适合担任现职的领导人员；在年度考核中，领导人员个人评价连续两年在领导班子或同职级干部中排名末位，或者五年内累计三次排名末位，经综合研判不适合担任现职的领导人员。

③依据造成国有资产损失认定结果进行调整：不按照《公司法》和公司《章程》的有关规定决策公司重大事项，决策主体不明确，决策程序不规范，以其他会议形式代替党委会、董事会做出决策，造成重大及以上国有资产损失的公司主要负责人；单位重大投资调研论证不充分，未严格履行报批程序，造成重大及以上国有资产损失的公司主要负责人和有关领导人员；违反国家有关规定以及公司规章制度，未履行或者未正确履行职责，造成较大及以上国有资产损失的公司主要负责人和有关领导人员；对单位发生重大、特别重大国有资产损失问题制止不力、瞒报、迟报，损失挽回不力，查处不力的

公司主要负责人和有关领导人员。

④依据推进出版单位改革发展不力责任认定结果进行调整：拒不执行上级关于深化改革决定的公司主要负责人和有关领导人员；在深化改革中，因工作不力，导致本单位改革工作迟滞或资产损失，造成重大影响的公司主要负责人和有关领导人员。

⑤依据出版导向、图书质量、发行纪律等问题责任认定结果进行调整：对出版的图书出现重大出版导向问题负有主要责任的公司主要负责人和有关领导人员；因版权纠纷或图书内容质量问题造成重大不良影响的公司主要负责人和有关领导人员；因进货渠道、经营品种出现重大违规问题造成不良影响的公司主要负责人和有关领导人员；因违反国家《出版管理条例》，负有刑事法律责任或情节较为严重的公司主要负责人和有关领导人员。

⑥依据安全生产和维护稳定工作不力责任认定结果进行调整：因安全生产责任未落实，发生特别重大生产安全责任事故，或一年内发生两起重大及以上生产安全责任事故的公司主要负责人和有关领导人员；因维稳责任不落实，导致矛盾激化引发重大群体性事件，造成重大社会影响的公司主要负责人和有关领导人员。

⑦依据党的建设工作不力责任认定结果进行调整：发生严重违规选人用人问题，或者在选人用人上存在不正之风，造成恶劣影响的党组织负责人和有关领导人员；公司党委（党总支、党支部）履行主体责任缺失，管党治党不严，基层党组织软弱涣散，引发重大事件，造成恶劣影响的党组织负责人和有关领导人员；公司领导班子或班子成员在年度党风廉政建设责任制考核中被评为"较差"等次

的班子主要负责人和有关领导人员；单位意识形态工作出现严重错误导向，造成恶劣影响的党组织负责人和有关领导人员；对违法违纪和作风方面的问题查处不力，造成恶劣影响的党组织负责人和有关领导人员。

⑧依据违反单位有关规章制度，精神懈怠，不作为、乱作为的情形，视情节轻重进行调整：因违反员工奖惩管理制度中处罚条款有关规定，情节严重，造成恶劣影响的领导人员；因出现单位领导人员管理办法中有关免职、辞职、问责等条款，需要调整的领导人员；违背民主集中制原则，不能坚持"三重一大"集体决策制度，独断专行，在职工群众中造成恶劣影响的公司主要负责人和领导人员。

⑨在其他专项工作中，因部署不力、尽责不足、敷衍应付，对单位长远发展造成重大不良影响的有关领导人员。

具有上述所列情形之一的，对有关领导人员进行调整。按照职责分工，由组织人事部门、主管业务部门、纪检监察部门等相关职能部门提出考核结果和责任认定意见。

所属下级单位发生上述情形的重大问题时，应及时上报，对瞒报、迟报的，从重处理。

（5）程序设计

①认定。出版单位相关职能部门，对领导人员出现的上述情形及时通报情况并形成书面报告。报告内容包括认定的过程、依据、结果和初步调整建议。

②听取意见。出版单位相关职能部门对报告中涉及的领导人员，专门听取有关方面的意见。

③提出意见。根据认定及听取意见情况，由组织人事部门提出明确调整意见，报出版单位党委。

④决定。对拟调整的领导人员，按照领导人员任免程序召开党委会、董事会研究决定。

⑤谈话。对决定调整的领导人员，由人力资源部协同主要领导与其进行谈话，告知理由，做好思想工作。

（6）其他情形

①被调整的人员，能够端正态度，积极纠正错误，在调整后岗位上德才表现和工作实绩突出，因工作需要可以重新任用。重新任用一般应有一年以上的时间间隔，且重新任用的岗位一般不高于原岗位。

②对到龄退休或任期届满不再进入下一任期的领导人员，按照有关规定进行调整处理。

2. 出版单位员工惩戒机制

（1）概念及适用对象

出版单位惩戒机制是对出版单位全体在职员工的普适性惩戒机制，适用于包括各层次领导人员和出版人才在内的全体人员，属于基础性的负面评价机制。

（2）惩戒事由

①违反劳动纪律，经常迟到、早退、中途离岗、旷工的。

②聚众闹事，打架斗殴，在工作场所大声喧哗、吵闹，严重影响正常工作秩序和社会秩序的。

③工作不努力，不服从领导管理、不接受工作（任务）安排的，

不服从工作调动的。

④敷衍塞责，相互推诿，消极怠工的。

⑤不能按时完成本职岗位工作或对所在单位（部门）未完成既定工作目标负有主要责任的。

⑥滥用职权、失职渎职或不作为、乱作为的。

⑦无故不参加会议或培训的。

⑧毁坏、丢失单位重要文书、财物的（需照价赔偿）。

⑨在重大工程建设、招投标等工作中，弄虚作假、营私舞弊、虚报冒领的。

⑩利用职务及工作之便收受贿赂、谋取私利的。

⑪利用互联网、微信等各种方式，诬告他人、散布谣言或发表过激言论，造成不良影响的。

⑫不按正常渠道反映问题，煽动员工情绪，制造不安定因素的。

⑬教唆他人违法违纪的。

⑭对单位的决策消极执行或设置障碍拒不执行的。

⑮玩忽职守，违反安全操作规程和安全管理制度，造成安全生产事故，使人员生命、财产遭受严重损失的。

⑯泄露单位秘密，给单位造成严重经济损失或产生不良社会影响的。

⑰对出版的图书出现重大内容导向问题负有主要责任的。

⑱因出版物编校质量问题给集团和单位造成重大不良影响的。

⑲经集团认定的其他需要处罚的行为。

（3）惩戒方式

通常采用的惩戒方式为：警告、通报批评、诫勉谈话、停工检查、待岗培训、扣发工资及绩效、降职（降薪）、免职、解除劳动（聘用）合同。具体内容可按照以下方式进行：

①员工的工资、绩效同出勤率挂钩，按缺勤情况扣发相应的工资和绩效。

②受警告、通报批评、诫勉谈话处罚的，酌情扣发一定的工资和绩效。

③受停工检查、待岗培训、降职（降薪）、免职处罚的，除扣发或降低工资及绩效外，取消当年评优评先资格，2年内不得晋升工资或提拔使用，处罚决定记入员工个人档案。

④连续旷工15天以上，或全年累计旷工30天以上的，视为严重违反劳动纪律，可依法解除劳动合同。

（4）处罚权限及程序

①对各单位管理的员工的处罚，由所在单位查明违规事实后，经班子集体研究决定。

②对集团管理的员工的处罚，由所在单位或集团人力资源部提议，经集团领导班子集体研究决定。

③对员工的处罚决定做出后，须在10个工作日内，将《处罚决定书》送达被处罚员工。

④受处罚员工对处罚决定有异议的，可以在收到或应当收到《处罚决定书》10日内，向做出处罚决定的单位提出书面申诉；但在未改变原处罚决定之前，仍按照原决定执行。

3. 强制性退出

强制性退出指的是出版单位领导人员或出版人才作为一个自然人，因触犯纪律、法律、法规等强制性社会规范，所受到的强制性制裁，以及不得不退出现职岗位或被辞退的负面结果。

（1）违纪处罚

作为中国共产党党员的出版单位领导人员或出版人才，严格按照《中国共产党章程》《中国共产党纪律处分条例》等党内规定进行惩处，并对相应的职务岗位和级别待遇产生惩罚性结果；民主党派人士则按照相应党派纪律进行处分，并对相应的职务岗位和级别待遇产生惩罚性结果。

（2）违法处罚

出版单位领导人员或出版人才出现一般性违法行为，除了承担相应的民事责任、行政责任之外，出版单位可视违法性质与情节轻重对其在职务岗位、级别待遇、劳动关系上进行处罚。对于触犯《中华人民共和国刑法》的出版单位领导人员或出版人才，本人除了承担相应的刑事责任之外，一律对其处以开除、辞退、责令辞职等终止劳动关系的处罚。

二、市场化退出机制

这里提出的市场化退出机制，是出版人才或领导人员按照出版单位合同约束性内容退出的总称，主要包括按照劳动合同或者聘任合同约定条款，选择自主辞职或者聘期届满未被续聘的情形。这里我们从职业经理人退出的角度探析市场化退出机制的构建。

职业经理人机制是当代公司治理结构中经常采用的管理模式，特别是近些年来国有企业尝试和探索市场化经营的主要模式。在现行体制下，出版单位均属于国有单位，市场化治理模式的探索是当前出版单位乃至文化企业进行体制机制改革的重点。从中央到地方的出版集团纷纷开始探索职业经理人之路。职业经理人的退出机制包括任期届满、风险金、递延支付、退出条件、责任倒查、审计、纪检监察等系列管理措施。

1. 建立风险金及递延支付机制

对于纳入职业经理人管理的出版人才或者领导人员，需提取一定比例的绩效年薪作为经营与廉政风险保证金（以下简称"风险金"），并延期在任期结束或离任审计后支付。在延期支付期间，出现以下情况将视情况扣发一定比例的风险金：

（1）年度绩效考核得分低于及格分的。

（2）年度考核结果为"不合格"（"差"）的。

（3）因个人过错造成重大决策失误、重大安全与质量责任事故等，给企业造成重大损失的。

（4）违规虚构业绩的。

（5）出现违反《国有企业领导人员廉洁从业若干规定》应解聘或免职情形的。

（6）所负责单项业务或者公司出现亏损的。

2. 强制性退出事由

依据职业经理人聘任合同约定和经营业绩考核结果等因素，出现以下情形的，应解除（终止）聘任关系：

（1）考核不达标。包括：年度经营业绩考核结果未达到完成底线（考核分值未达标）；年度经营业绩考核主要指标未达到完成底线（完成率未达标）；聘任期限内累计两个年度经营业绩考核结果为"不合格"等次；任期经营业绩考核结果为"不合格"等次。

（2）考核不称职。对于开展任期综合考核评价的，评价结果为"不称职"等次。

（3）因严重违纪违法、严重违反企业管理制度被追究相关责任的。

（4）出现违反《国有企业领导人员廉洁从业若干规定》应解聘或免职情形的。

（5）职业经理人本人或是所分管的职业经理人存在"带病提拔"情形而被给予书面警告、记过、调离岗位、降职降级、免职、解除劳动合同等一项或多项追究措施的。

（6）聘任期间对企业重大决策失误、重大资产损失、重大安全事故等负有重要领导责任的，或对违规经营投资造成国有资产损失负有责任的。

（7）出现聘任合同中特别约定的解聘情形的。

（8）任期届满未被续聘（任）的。

（9）参加原职位竞争上岗未获成功的。

（10）因健康原因无法正常履行工作职责的。

（11）聘期未满但双方协商一致解除聘任合同或者聘期届满不再续聘的。

（12）试用期内或试用期满，经试用发现或试用考核结果不适宜聘任的。

（13）因工作需要或者其他原因应当解聘（免职）的。

（14）党组织或董事会认定不适宜继续聘任的其他情形。

3. 主动辞职

职业经理人因个人原因辞职的，应依据相关法律法规和聘任合同有关条款，提前 30 日提出辞职申请。未经批准擅自离职、给企业造成损失的，依法依规追究其相应责任。

4. 退出结果

职业经理人应按照有关要求接受离任审计，在规定时间内完成工作交接，按照相关法律法规和合同约定履行保密义务，并承担相应法律责任。

职业经理人解除（终止）聘任关系时，如有党组织职务应当一并免去，并依法解除（终止）劳动关系。

三、改革性退出机制

1. "买断工龄"（协议解除劳动合同）

"买断工龄"是改革开放初期我国一些国有企业在改革过程中安置富余人员的一种办法，这种方式是国有企业与其职工通过共同协商，企业根据有关劳动工资法规和职工连续工作年限，按照一定的标准以货币或非货币资金形式一次性地支付给职工个人用以买断其工龄；职工在被企业买断工龄后不再享受原有企业的任何工资及福利待遇，其住房、教育、医疗、养老等各种待遇也与企业彻底脱离。"买断工龄"是具体实践中的一种通俗称谓，不是我国现行法律法规中的专有名词，本质属于"一次性安置"或"经济补偿"。从法律属性而言，"买断工龄"是企业解除劳动合同，给予员工经济补偿的行为；"买断工龄费用"则指的是由"买断工龄"产生的经济补偿金。

在企业经营转轨变型期，如何解决由"低工资多就业"带来的庞大职工队伍并造成国有企业富余人员群体的问题，是摆在国有企业改革面前的严重课题，许多企业制定一次性买断工龄计划和相应的实施办法，解决了部分人员富余的问题。早些时候，企业与员工之间一般没有劳动合同，所有国有企业的正式员工都是"终身制"，我国的失业保险、医疗保险、养老保险等社会保障制度尚未建立，国有企业员工的医疗、养老保障完全依赖于企业，员工离开企业则不能享有医疗、养老、失业等社会保障，同时，一些国有企业在合资、改制过程中，又急需解决大量富余人员的安置问题。因为社会保障渠道单一，员工离开企业难以生存，企业不能无条件地把员工推向社会。但如果企业继续负担大量富余人员的医疗、养老问题，单位将面临"被拖垮"的局面。面对这些不能退休、不能继续留在企业、企业又不能妥善安置的富余人员，经国家有关部门同意，一些国有企业采取了"买断工龄"的形式，解除了富余员工与企业之间的劳动关系。

一次性工龄买断计划作为一种裁员机制，从理论上讲，只要企业与员工双方能够达成一致，就是行之有效的，大量的低效率的员工可以从企业中分流出来，这对于企业减员增效、提高市场竞争力是十分重要的。但是，由于历史原因和我国企业实际情况的复杂性，特别是计划经济模式下所凝结而成的员工与企业之间"鱼水"关系，过去基层员工长期处于"低工资、高奉献"的状态，现在按照市场经济规律和等价交换原则，存在买断工龄的价值补偿科学的理论和实践依据薄弱的问题。一方面，补偿概念和范畴涉及较多，不仅包括简单的工资收入补偿，而且包括衣、食、住、行，教育、医疗、住房保险等方面的费用，另一方面，补偿标准又受到国家财政限额和企业支付能力约束，而且不同企业经济状况不同，导致这个群体的员工补偿可能差异较大，也可能补偿过低，再加上在"买断"过程中，决定权主要在企业，一旦员工补偿不当，就会直接影响人民生活和社会稳定，实践中引发社会矛盾的事例并不少见。

尽管存在负面影响，但是买断工龄的有利影响是长久而深远的。通过以货币或非货币资产形式买断职工的工龄，使职工完全脱离企业，有效地、彻底地解决了企业富余人员过多、人浮于事、办事效率低下的问题，从而实现真正意义上的分流，减轻负担，精简机构。

2. 主辅分离，改制分流

所谓"主辅分离，改制分流"，是指出版单位将非主业资产、闲置资产和关、停或破产企业的有效资产改制为面向市场、独立核算、自负盈亏的法人经济实体，员工与企业解除劳动合同，取得部分改制资产作为补偿，成为新企业的股东。

根据《关于国有大中型企业主辅分离辅业改制分流安置富余人员的实施办法》（国经贸企改〔2002〕859号），对劳动关系做如下处理：

（1）依法规范劳动关系。对从原主体企业分流进入改制企业的富余人员，应由原主体企业与其变更或解除劳动合同，并由改制企业与其变更或重新签订三年以上期限的劳动合同。变更或签订新的劳动合同应在改制企业工商登记后 30 天内完成。

（2）对分流进入改制为非国有法人控股企业的富余人员，原主体企业要依法与其解除劳动合同，并支付经济补偿金。职工个人所得经济补偿金，可在自愿的基础上转为改制企业的等价股权或债权。

（3）对分流进入改制为国有法人控股企业的富余人员，原主体企业和改制企业可按国家规定与其变更劳动合同，用工主体由原主体企业变更为改制企业，企业改制前后职工的工作年限合并计算。

（4）改制企业要及时为职工接续养老、失业、医疗等各项社会保险关系。

通过主辅分离辅业改制分流安置企业的富余人员，是国有企业实行减员增效的重要形式。这项政策充分考虑了社会各方面的承受能力以及我国面临的严峻的就业形势，是国有企业在改革实践中的一项创新。通过主辅分离方式分流富余人员，可以发挥国有企业的优势，最大限度地挖掘国有大中型企业的内部潜力，把国有企业内部的生产力进一步释放出来。同时，辅业改制后参加改制的职工仍有就业岗位，改制后的辅业单位在新的机制下得到了更快更好的发展，还可吸纳更多的富余人员。企业主辅分离，主业发展壮大后，也会带动相关产业包括众多的中小企业的发展，从而也可提供更多的就业岗位，实现促进再就业与减员增效的有机结合。

3. 提前退休

提前退休在国内外都是裁员最常见的方法。政策制定的对象是企业中未到退休年龄的但需要退出企业的员工，在国有企业中，这些人已经习惯于过去企业的行政事业化运行，不容易接受新技术和新的管理方法，甚至对这些新事物有抵触情绪，因此，他们退出企业更为有利。但是，这些员工又已经为企业服务多年，他们失业后再就业很困难，对他们实行裁员既会影响到他们的生活，也会影响到继续留在企业工作的员工对企业的信任和信心，而且他们的失业也可能会造成社会问题。所以，针对这类员工制定的提前退休政策解决了企业的人员技术老化和冗员问题，又避免了裁员可能引起的不稳定。

提前退休政策往往会提供一个有吸引力的"激励包"，鼓励老员工提前退休。政策所针对的对象受到一定条件的限制，而且政策的有效性有一个时间限制。提前退休政策是企业常用的一种裁员替代政策，这种政策的使用既达到了企业更换新鲜血液的目的，又避免了裁员可能引起的人心不稳、军心涣散和企业社会形象破坏等不良影响。从其产生的根本意图来看是有利于企业进一步发展和创新的，但是，这一政策在实际运作中却存在着一些企业不得不引起重视的问题。比如企业中过多的员工希望提前退休享受企业所提供的财务激励，而企业因此可能面临沉重的财务负担；另外员工提前退休有可能导致高绩效员工流失、企业社会资源流失以及操作过程中穿插过多"人治"现象影响政策目的的实现和作用的发挥。企业提出提前退休的目的本来在于淘汰一些不适应企业需要、没有竞争力、对企业的创新和改革没有推动力，甚至是创新阻力的老员工。但是，我们从前面分析的问题中可以看出，企业并不是要淘汰所有的老员工，而且这一政策如果制定得不严密或不周全，会引起一系列不必要的麻烦。因此，从政策制定到政策实施都需要谨慎考虑和严格控制，要有一些措施保障政策目标的实现。

4. 停薪留职

停薪留职，准确地说，它是计划经济向市场经济过渡转型的产物。停薪留职是指出版单位的固定职工，保留其身份，离开单位，从事政策上允许的个体经营。停薪留职是20世纪80年代初的事物，原国家劳动部、国家经济委员会于1983年下发了《关于企业职工要求"停薪留职"问题的通知》，规定停薪留职的时间一般不超过两年。停薪留职期间，不升级，不享受各种津贴、补贴和劳保福利待遇；因病、残而基本丧失劳动能力的，可按退职办法处理。停薪留职人员在从事其他收入的工作时，原则上应按月向原单位缴纳劳动保险金，其数额不低于本人原工资的20%。停薪留职期间计算工龄。

现代企业制度中没有"停薪留职"的制度设计。而在某些出版单位，"停薪留职"制度目前还保留着。对出版单位特别是出版企业而言，不在其岗，则不仅要"停薪"，而且要"去职"，没有空余的岗位虚位以待，供"停薪留职"之用。实际上，"停薪留职"使得很多人虽不在某个岗位上工作却长期占着这个岗位，占着人员编制，对于那些无岗可上的人显然有失公平。因此，在就业压力如此之大，岗位竞争如此激烈的现实情况下，"停薪留职"这一制度应退出历史舞台。

5. 内部退养

出版单位在改革改制中，会对距法定退休年龄 5 年之内的职工，经本人申请和单位批准，实行内部退养制度。职工内部退养期间，由单位发放生活费，并按规定交纳社会保险费。内退人员的生活费标准，根据本单位经济效益和工资水平，由内退人员与单位协商确定，但不得低于地方政府规定的最低标准。对于内部退养，国家也出台了如下相关政策：

（1）《国有企业富余职工安置规定》（国务院令第 111 号）规定：基本条件是职工距法定退休年龄 5 年以内；基本程序是经本人申请，所在企业批准；基本待遇是由企业发给生活费，并按规定交纳社会保险费。职工达到法定退休年龄的，按规定办理退休手续。生活费标准由企业自主确定，但是不得低于省、自治区、直辖市人民政府规定的最低标准。

（2）《关于完善城镇社会保障体系的试点方案》（国发〔2000〕42 号）规定：距法定退休年龄不足 5 年或工龄已满 30 年的下岗职工可以办理内退。

（3）《关于印发国有大中型企业主辅分离辅业改制分流安置富余人员的劳动关系处理办法的通知》（原劳社部发〔2003〕21 号）规定：企业改制分流时，对距法定退休年龄 5 年内部退养条件的职工，原主体企业或国有法人控股的改制企业经与职工协商一致，可以实行内部退养。职工在改制前已经办理内部退养手续的，一般由原主体企业继续履行与职工的内部退养协议。由改制企业履行原内部退养协议的，应当在改制分流总体方案中明确。

内部退养也是传统出版单位中应用较多的一种人才退出机制，对于那些不适合工作岗位的要求，同时合同期又未满的员工来说，实行内部退养制度不但可以为企业解决现实的问题，同时也使员工能够得到一些应有的补偿。实施内部退养制度，使员工的退出更为缓和，有利于劳资关系的调整和平衡，有利于在"一团和气"中解决员工的退出问题。

结语

综上，这里提出的出版单位人才退出机制，无论是约束性退出机制、市场化退出机制，还是改革性退出机制，都是依据党和国家的法律法规、纪律、政策以及相关实践，在充分结合出版单位实际情况的基础上进行设计的。各出版单位在建立健全人才退出机制上，可以进一步依据自身实际情况和发展进行规划和设计，并在创新出版人才退出机制上进行更为全面、更深层次的探索。

附录1　编辑岗位胜任素质认知情况调查问卷

尊敬的先生（女士）：

您好！

胜任素质是指能出色完成本职工作所具有的知识、技能、个性特征、工作态度、专业素质、价值观等。为了建立集团编辑岗位胜任素质模型，促进出版单位做好人才发展战略，特向您进行此次调查。本次调查采用无记名形式，调查结果最终仅作为确立岗位胜任素质模型的参考资料，绝不用于其他目的。请将问卷信息填写完整，感谢您的支持与合作！

Q1：您的性别是

○ 男

○ 女

Q2：您所就职的出版社是

○陕西人民出版社　○三秦出版社　○太白文艺出版社　○陕西科学技术出版社　○未来出版社　○陕西人民美术出版社　○陕西人民教育出版社　○陕西旅游出版社

Q3：您所在的岗位是（可多选）

○策划编辑　○文字编辑　○校对员　○数字出版编辑　○网络编辑　○编辑部主任　○出版部主任　○发行部主任　○社长/副社长　○总编辑/副总编辑

Q4：您的在职时间约为

○0~2 年　　○3~5 年　　○6~9 年　　○10 年及以上

Q5：您的最高学历是

○专科学历　　○本科学历　　○硕士研究生　　○博士研究生

Q6：您的年龄是

○24 岁以下　　○25~34 岁　　○35~44 岁　　○45 岁及以上

以下是关于优秀编辑人员所应具备的胜任素质，请您在每道问题后的括号里以数字形式评定每项胜任能力的重要程度，分数越高，重要程度越高。

4＝非常重要　　3＝重要　　2＝比较重要　　1＝不重要

一、工作取向

Q7：语言驾驭能力是指具有一定的社会情境的辨析能力；对他人心理状态的洞察力；调整自身说话的分寸、语气、尺度、用词的能力。

您认为语言驾驭能力对您所从事的工作的重要程度是（　　）

Q8：语言表达能力是指口头语言表达能力与书面语言表达能力。

您认为语言表达能力对您所从事的工作的重要程度是（　　）

Q9：分析判断能力是指对事物进行剖析、分辨、单独进行观察和研究的能力。

您认为分析判断能力对您所从事的工作的重要程度是（　　）

Q10：适应性和弹性是指面对自己不熟悉或者不喜欢的环境，能够很快进入状态。

您认为适应性和弹性对您所从事的工作的重要程度是（　　）

Q11：承压力是指承受工作、学习和生活中的各种压力的能力。

您认为承压力对您所从事的工作的重要程度是（　　）

Q12：审美能力是指：

第一，选题策划方面，从宏观上把握选题的正确方向和科学性，主动开发适合社会和读者需要，能弘扬时代主旋律，给人以鼓舞和鞭策的优秀选题；

第二，审稿方面，能不失时机地发现、判断、把握和接纳优秀的选题和书稿，使内容具有人文关怀，不仅有逻辑深度，还有情感深度；

第三，编辑加工方面，使书稿从篇章结构、政治倾向、语词运用、版面编排乃至标点符号等各方面达到真善美的要求，有较强的语言驾驭能力；

第四，版面设计方面，适应读者的需要，使栏目的设计有美感，文章的字体字号协调，文章有韵律和冲击力，版式大气和充满艺术感。

您认为审美能力对您所从事的工作的重要程度是（　　）

Q13：创新精神是指不断改进工作方法，以适应新的观念、形势发展；密切关注行业内外的新动态和发展趋势，敢于质疑传统，敢于进行新的尝试；综合运用已有的知识、信息、技能和方法提出与众不同的观点和见解。

您认为创新精神对您所从事的工作的重要程度是（　　）

Q14：细心严谨是指工作过程中心思缜密，仔细，认真，注意小细节；能够集中注意力，全神贯注。

您认为细心严谨对您所从事的工作的重要程度是（　　）

Q15：经验积累是指经过摸索、归纳、判断和总结获得心得并应用于后续工作；处理日常任务的熟练性提高，效率提高。

您认为经验积累对您所从事的工作的重要程度是（　　）

Q16：初步业务了解是指知道岗位所需要的能力、技术和对从业人员的基本要求。

您认为初步业务了解对您所从事的工作的重要程度是（　　）

Q17：出版敏感度是指对社会现象、读者需求和学术发展需求细致观察，敏锐地发现机会与选题；对作者所具有的价值进行迅速判断；善于观察，不仅观察表面的现象，还能观察到事实背后深层次的问题。

您认为出版敏感度对您所从事的工作的重要程度是（　　）

Q18：冷静是指在复杂棘手的问题出现时，或者当突发性事件出现时，能够处变不惊。

您认为冷静对您所从事的工作的重要程度是（　　）

Q19：专业知识和技能是指具备从事编辑工作所需要的专业知识和技能，以及在出版实践中对文稿的加工处理技巧。

您认为专业知识和技能对您所从事的工作的重要程度是（　　）

Q20：知识面是指了解与出版领域有关的政治学、法学、经济学、社会学、生物学、体育、音乐、美术、文学等方面知识；除了出版学的知识外，对某一其他领域的知识有较深程度的掌握和研究，曾经从课堂、书籍、媒体或者其他渠道学习过相关知识，或者学习过相关专业。

您认为知识面对您所从事的工作的重要程度是（　　）

Q21：前沿追踪是指关心政策和时政，对出版领域的新问题有充分的了解和理解能力；对社会变化和发展有敏感性，能够与时俱进。

您认为前沿追踪对您所从事的工作的重要程度是（　　）

Q22：客户导向是指尊重客户，设身处地为客户着想；积极承担责任，努力为客户提供附加价值；尽自己的一切能力满足客户需求。

您认为客户导向对您所从事的工作的重要程度是（　　）

Q23：您认为踏实认真对您所从事的工作的重要程度是（　　）

Q24：您认为策划和组织能力对您所从事的工作的重要程度是（　　）

Q25：掌握市场导向是指以市场的发展变化作为自己工作的行动指南，有明确的市场意识，密切关注市场经济环境和客户需求的变化，渴望对市场信息有充分的掌握；以技术发展、客户需求等市场因素作为自己工作的方向标，具备高度的市场洞察力。

您认为掌握市场导向对您所从事的工作的重要程度是（　　）

二、自我取向

Q26：应变能力是指具有一定的环境辨析能力；能够整合以往的信息，根据周围出现的暗示性线索，判断不同性质的场合、气氛或者临时突发状况；在短时间内应情势而做出相应的行为，灵活而不死板。

您认为应变能力对您所从事的工作的重要程度是（　　）

Q27：反应能力是指能够迅速地接受刺激并且快速反应。在处理应激或者突发事件的时候能够快速地进行清晰的思考和判断。

您认为反应能力对您所从事的工作的重要程度是（　　　）

Q28：成就导向是指拥有进取心，不甘人后，渴望更好地发展，为自己设定较高的工作目标；要求自己工作出色，能主动学习提高自己。

您认为成就导向对您所从事的工作的重要程度是（　　　）

Q29：学习能力是指面对不熟悉的新事物，能够通过搜集和阅读文献，熟练使用学习工具，运用科学的学习方法去独立地获取信息；加工和利用信息，将其转化成自己的知识储备，分析和解决实际问题。

您认为学习能力对您所从事的工作的重要程度是（　　　）

Q30：您认为对工作的热情和兴趣对您所从事的工作的重要程度是（　　　）

Q31：职业主动性是指在不经过他人的催促和要求的情况下，能够自发、自觉地为完成好任务和工作而做出一系列努力。

您认为职业主动性对您所从事的工作的重要程度是（　　　）

Q32：逻辑思维能力是指编辑必须具备的语言文字逻辑能力，思想的深刻性和透彻性，视野的开阔性和广度，思维的活跃度和跳跃性，对于概念和事物进行有意识的分析、联想、整合、概括、抽象、比较、类比、具体化和系统化的能力。具有一定的领悟力，能够理解表面线索下面的信息内涵。能从不同的视角认识事物，用与众不同的观点看待问题。

您认为逻辑思维能力对您所从事的工作的重要程度是（　　　）

Q33：政治认知力是指具有较高的政治素养，能够熟悉并透彻地体会党的路线、方针、政策。

您认为政治认知力对您所从事的工作的重要程度是（　　　）

Q34：人文素养是指具备丰富的人文社科知识，具备为人处世的技巧；具有批判思考精神、文化比较能力、适应变迁的能力；看待事物的视角充满人文关怀；对艺术作品有一定的创作和欣赏能力，热爱读书和写作。

您认为人文素养对您所从事的工作的重要程度是（　　　）

Q35：时间管理能力是指具有时间意识，能有效地运用时间，降低变动性。

您认为时间管理能力对您所从事的工作的重要程度是（　　　）

Q36：身体素质是指能够在快节奏的工作中保持身体健康，承担较大的劳动量；可以有精力和体力应对沉重的工作负担，对于持续的加班、熬夜等能够支持下来而不至于生病。

您认为身体素质对您所从事的工作的重要程度是（　　　）

Q37：您认为正直诚实对您所从事的工作的重要程度是（　　　）

Q38：您认为耐心对您所从事的工作的重要程度是（　　　）

Q39：您认为虚心对您所从事的工作的重要程度是（　　　）

Q40：文学素养与文字功底是指具备扎实的写作能力，擅长语言表达，能熟练地改正错别字，进行繁体字和简体字的转换，了解成语、谚语、俗语的基本用法，具备文学常识，具备现代文理解和古文翻译能力等。

您认为文学素养与文字功底对您所从事的工作的重要程度是（　　）

Q41：公关能力是指能与上级、同事和其他行业领域的人建立良性的关系，为业务开展赢得更大的空间和机会，能屈能伸，面对压力能够泰然处之，具备较高的社交能力，能应对各种复杂的人际交往情境。

您认为公关能力对您所从事的工作的重要程度是（　　）

Q42：审美能力是指感受、鉴赏、评价和创造美的能力。

您认为审美能力对您所从事的工作的重要程度是（　　）

Q43：您认为敬业精神对您所从事的工作的重要程度是（　　）

Q44：您认为使命感对您所从事的工作的重要程度是（　　）

Q45：您认为职业责任心对您所从事的工作的重要程度是（　　）

Q46：良好的心理素质是指面对重要场合和关键人物能够收放自如，泰然自若，不卑不亢，不怯场，不紧张，不退缩；敢于表达自己，推荐自己，发表自己的观点；不过分注重自己的面子和他人对自己的评价，具有良好的心理防卫机制和调节能力，心理承受能力强，情绪稳定。

您认为良好的心理素质对您所从事的工作的重要程度是（　　）

Q47：您认为内省精神对您所从事的工作的重要程度是（　　）

Q48：您认为职业效率对您所从事的工作的重要程度是（　　）

Q49：您认为问题解决能力对您所从事的工作的重要程度是（　　）

三、人际取向

Q50：组织文化内化指从业人员对自己所在出版社、报社、杂志社等新闻媒体行业的出版风格有一定的了解，了解本单位对新闻稿件、书籍的内容、形式、主体风格的偏好和要求。

您认为组织文化内化对您所从事的工作的重要程度是（　　）

Q51：您认为团队合作对您所从事的工作的重要程度是（　　）

Q52：全局观是指决策时能够通盘考虑，以企业发展大局为重，能顾全大局，乐于奉献，起表率带头作用，具有集体荣誉感和责任心。

您认为全局观对您所从事的工作的重要程度是（　　）

Q53：积累和利用人脉是指重视人际关系，善于利用正常状态下的人力资源的合理互换。

您认为积累和利用人脉对您所从事的工作的重要程度是（　　）

Q54：您认为人际交往能力对您所从事的工作的重要程度是（　　）

Q55：您认为沟通协调能力对您所从事的工作的重要程度是（　　）

四、价值取向

Q56：人文情怀是指内心深处对于真善美的一种追求，并以此关注自己、关注他人、关注万物。

您认为人文情怀对您所从事的工作的重要程度是（　　）

Q57：出版是为人类提供精神食粮的崇高职业，编好书、印好书、卖好书、爱读书应当是出版人的本性和天职，因此出版工作者应当具备以文化选择和传承为己任的责任感和使命感。

您认为责任感和使命感对您所从事的工作的重要程度是（　　）

Q58：您认为获取稳定较高收入对您所从事的工作的重要程度是（　　）

Q59：您认为实现创新梦想对您所从事的工作的重要程度是（　　）

Q60：您认为职业成就感对您所从事的工作的重要程度是（　　）

Q61：您认为职业安全感和稳定感对您所从事的工作的重要程度是（　　）

Q62：编辑确对作者和处理书稿有一定的话语权，常被称为"无冕之王"。

您认为谋求权力对您所从事的工作的重要程度是（　　）

Q63：出版是创意产业，充满了不确定性，编辑是一项需要不断挑战自我的工作。

您认为挑战自我对您所从事的工作的重要程度是（　　）

Q64：如果您认为还有编辑岗位的胜任素质没有在上述题目中列出，请填写在下面的表格中，并说明其重要程度（4＝非常重要　3＝重要　2＝比较重要　1＝不重要）。

胜任素质	重要程度

附录2　发行岗位胜任素质认知情况调查问卷

尊敬的先生（女士）：

您好！

胜任素质是指能出色完成本职工作所具有的知识、技能、个性特征、工作态度、专业素质、价值观等。为了建立集团发行岗位胜任素质模型，促进出版单位做好人才发展战略，特向您进行此次调查。本次调查采用无记名形式，调查结果最终仅作为确立岗位胜任素质模型的参考资料，绝不用于其他目的。请将问卷信息填写完整，感谢您的支持与合作！

Q1：您的工作单位为_____

Q2：您的职务为_____

Q3：您的性别是

○男

○女

Q4：您的在职时间约为

○0~2年　　○3~5年　　○6~9年　　○10年及以上

Q5：您的最高学历是

○专科学历　　○本科学历　　○硕士研究生　　○博士研究生

Q6：您的年龄是

○24岁以下　　○25~34岁　　○35~44岁　　○45岁及以上

以下是关于优秀发行人员所应具备的胜任素质，请您在每道问题后的括号里以数字形式评定每项胜任能力的重要程度，分数越高，重要程度越高。

4＝非常重要　　3＝重要　　2＝比较重要　　1＝不重要

一、工作取向

Q7：行动力是指具有为了既定目标的达成，高效实施并取得成果的能力。具体来说就是能够主动开展工作，通过调研和不断尝试将模糊的意向和目标转化成可实施的方案，对出现的问题，主动及时寻找解决方案。

您认为行动力对您所从事的工作的重要程度是（　　）

Q8：表达能力是指采用各种表达方式，根据环境和对象调整方法，通过语言、肢体或者表情通俗流畅地表达出自己的见解和意见，能够使沟通的对象快速理解并且接受。

您认为表达能力对您所从事的工作的重要程度是（　　）

Q9：自信是对自身有清醒的判断和认识，对自己的能力有积极的认知和肯定，相信自己有实现既定目标的能力，在出现突发状况时能表现出对自己的判断和决定的认可。不轻易因为他人的评判甚至诽谤改变既定目标，仍然行动，完成最初的目标。

您认为自信对您所从事的工作的重要程度是（　　）

Q10：感召力是通过自身的行为带动身边的人为共同的目标努力，并且具有为了获得对方的支持、理解或帮助，使对方认同自己的观点，采用说服等方法使他人赞同的能力。

您认为感召力对您所从事的工作的重要程度是（　　　）

Q11：沟通协调能力是指重视沟通的作用，乐于与人建立联系，遇到沟通的障碍的时候能够以积极的心态去面对。能够通过主动热情的态度和诚恳的人格赢得沟通对象的肯定，寻找到解决问题的方法，从而获得良好的社交环境和效果。

您认为沟通协调能力对您所从事的工作的重要程度是（　　　）

Q12：忠诚是指对所在企业有高度的责任心和代入感，能够积极地将个人目标和企业发展紧密结合起来。能高度认可企业文化，工作稳定性强。

您认为忠诚对您所从事的工作的重要程度是（　　　）

Q13：学习能力是指对新知识具有敏感性，保持学习的热情，能够主动进行总结，通过自身过往的经验或者吸取他人的经验教训、研究成果等，增长见识，获得知识，提高技能和素质，获得有利于未来发展的养分。

您认为学习能力对您所从事的工作的重要程度是（　　　）

Q14：客户服务是关注客户的需求和利益，从客户的角度出发，与客户建立并保持稳定、信任的伙伴关系。能够在客户心目中树立良好的企业形象和口碑，提高客户的忠诚度。

您认为客户服务对您所从事的工作的重要程度是（　　　）

Q15：知面识是指了解与出版领域有关的政治学、法学、经济学、社会学、生物学、体育、音乐、美术、文学等方面的知识。除了出版学的知识外，对某一其他领域的知识有较深程度的掌握和研究，曾经从课堂、书籍、媒体或者其他渠道学习过相关知识，或者学习过相关专业。

您认为知识面对您所从事的工作的重要程度是（　　）

Q16：前沿追踪是指对社会实际状况密切关注，关心政策和时政，有充分的了解和理解能力。对社会各方面的变化和发展有敏感性，能够与时俱进。

您认为前沿追踪对您所从事的工作的重要程度是（　　）

Q17：客户导向是指对待客户积极热情，体度和蔼，体现尊重。积极承担个人责任，做出坚实的努力为客户提供附加价值。以满足顾客需求、增加客户价值为自己工作的出发点，在工作过程中，能够设身处地地为客户着想，尽自己的一切能力满足客户需求。

您认为客户导向对您所从事的工作的重要程度是（　　）

Q18：您认为踏实认真对您所从事的工作的重要程度是（　　）

Q19：您认为策划和组织能力对您所从事的工作的重要程度是（　　）

Q20：掌握市场导向是以市场的发展变化作为自己工作的行动指南，密切关注市场经济环境和客户需求的变化，渴望对市场信息有充分掌握，有明确的市场意识，保持对市场的密切关注，以技术发展、客户需求等市场因素作为自己工作的方向标，具备高度的市场洞察力。

您认为掌握市场导向对您所从事的工作的重要程度是（　　）

二、自我取向

Q21：细心专注是指做事心思缜密，仔细，认真，注意小细节。做事的时候能够集中注意力，全神贯注。

您认为细心专注对您所从事的工作的重要程度是（　　　）

Q22：经验积累是指在某一领域或者岗位上工作持续了较长一段时间，通过体验或观察业务开展的条件、工作内容和工作所需要的方法和技术、工作成果的考评标准、企业文化气氛等，经过自己的摸索、归纳、判断和总结获得的心得并应用于后续作业。处理日常任务的熟练性提高，效率增加，绩效提高。

您认为经验积累对您所从事的工作的重要程度是（　　　）

Q23：出版敏感度是指对身边事物有着细致的观察，能够敏锐地发现新选题，并且对新选题所具有的价值做出迅速判断。

您认为出版敏感度对您所从事的工作的重要程度是（　　　）

Q24：冷静是指在复杂棘手的问题出现时，或者当突发性事件出现时，能够处变不惊。

您认为冷静对您所从事的工作的重要程度是（　　　）

Q25：主动性是指在不经过别人的催促和要求的情况下，能够自发、自觉地为完成好任务和工作而做出一系列努力。

您认为主动性对您所从事的工作的重要程度是（　　　）

Q26：人文素养是指具备丰富的人文社科知识，具备为人处世的技巧、批判思考精神、文化比较能力、适应变迁的能力等。对于文史哲方面的知识有比较深入的了解和兴趣。多才多艺，学养深厚。对艺术作品有一定的创作和欣赏能力，热爱读书和写作。看待事物的视角充满人文关怀。

您认为人文素养对您所从事的工作的重要程度是（　　　）

Q27：时间管理能力是指具有时间意识，能有效地运用时间，降低变动性。

您认为时间管理能力对您所从事的工作的重要程度是（   ）

Q28：身体素质是指能够在快节奏的工作中保持身体健康，承担较大的劳动量。可以有精力和体力应对沉重的工作负担，对于持续的加班、熬夜等能够支持下来而不至于生病。

您认为身体素质对您所从事的工作的重要程度是（   ）

Q29：您认为正直诚实对您所从事的工作的重要程度是（   ）

Q30：您认为耐心对您所从事的工作的重要程度是（   ）

Q31：您认为虚心对您所从事的工作的重要程度是（   ）

Q32：文学素养与文字功底是指扎实的写作能力，擅长语言表达，能熟练地改正错别字，进行繁体字和简体字的转换，了解成语、谚语、俗语的基本用法，具备文学常识，具备现代文理解和古文翻译能力等。

您认为文学素养与文字功底对您所从事的工作的重要程度是（   ）

Q33：公关能力是指能与上级、同事和其他行业领域的人建立良性的关系，为业务开展赢得更大的空间和机会。能屈能伸，面对压力能够泰然处之，具备较高的社交能力，能应对各种复杂的人际交往情境。

您认为公关能力对您所从事的工作的重要程度是（   ）

Q34：家庭和谐通常指家庭温馨和睦，不过多分散精力，不会因家庭琐事影响工作，能够为工作提供积极的动力。

您认为家庭和谐对您所从事的工作的重要程度是（   ）

Q35：情绪调节能力是指能够不受情绪左右，不沉浸在坏情绪中，能够及时调整状态，理智地处理事务，解决问题，不激化矛盾。

您认为情绪调节能力对您所从事的工作的重要程度是（　　）

Q36：坚韧不拔是指不因挫折和障碍而停滞不前，面对困难不逃避，不畏惧，能够迎难而上，解决问题，为了达成既定目标而不懈努力，不轻言放弃。

您认为坚韧不拔对您所从事的工作的重要程度是（　　）

Q37：创新能力是指能够运用自身的知识和文化，不断在工作中寻找新方法、新出路。不受旧的思维模式限制，善于另辟蹊径，开发新思路解决实际问题。

您认为创新能力对您所从事的工作的重要程度是（　　）

Q38：逻辑思维能力是指能够对事物进行观察和比较，能够合理地分析、概括、整理、综合、判断、推理，从而找出解决问题的关键并提出科学合理可行的方法。

您认为逻辑思维能力对您所从事的工作的重要程度是（　　）

Q39：自我认知是指能够正确地认识到自身的能力和不足、优势和劣势，能够有意识地扬长避短，发挥优势，将自己放在一个合适的位置上。同时学习他人长处弥补自身不足，能够以谦卑的心态去学习，同时又有能够完成工作的信心。

您认为自我认知对您所从事的工作的重要程度是（　　）

Q40：分析判断能力是指能够通过一些事件的发生或者现象的产生对事情发生的因果以及对自身、工作或者企业产生的影响进行分析判断，并果断采取措施，以达到最有利于公司业务发展的目的。

您认为分析判断能力对您所从事的工作的重要程度是（　　）

Q41：严谨是指做事有计划性、细致、周密，对时间以及程序有严格的自律，不自由散漫，做事认真，追求完美。

您认为严谨对您所从事的工作的重要程度是（　　）

三、人际取向

Q42：组织文化内化是指能够对自己所在出版社、报社、杂志社等新闻媒体行业的出版风格有一定的了解，了解本单位对新闻稿件、书籍的内容、形式、主体风格的偏好和要求。

您认为组织文化内化对您所从事的工作的重要程度是（　　）

Q43：您认为团队合作对您所从事的工作的重要程度是（　　）

Q44：全局观是指决策时能够通盘考虑，以企业发展大局为重，顾全大局，乐于奉献，能够起表率带头作用，具有集体荣誉感和责任心。

您认为全局观对您所从事的工作的重要程度是（　　）

Q45：积累和利用人脉是指重视人际关系，善于利用正常状态下的人力资源的合理互换。

您认为积累和利用人脉对您所从事的工作的重要程度是（　　）

Q46：您认为人际交往能力对您所从事的工作的重要程度是（　　）

Q47：您认为沟通协调能力对您所从事的工作的重要程度是（　　）

四、价值取向

Q48：人文情怀是指内心深处追求真善美，并以此关注自己、关注他人、关注万物。

您认为人文情怀对您所从事的工作的重要程度是（　　）

Q49：您认为职业责任感和使命感对您所从事的工作的重要程度是（　　）

Q50：您认为获取稳定较高收入对您所从事的工作的重要程度是（　　）

Q51：您认为实现创新梦想对您所从事的工作的重要程度是（　　）

Q52：您认为职业成就感对您所从事的工作的重要程度是（　　）

Q53：您认为职业安全感和稳定感对您所从事的工作的重要程度是（　　）

Q54：您认为挑战自我对您所从事的工作的重要程度是（　　）

后　记

"出版资源评估与研究"丛书初稿完成，甚是欣慰。

2018年，老领导也是老朋友张炜董事长偶然和我谈起出版人才问题。那天一贯风趣的老张突然很严肃地盯着窗外的夕阳说，阅读方式多元，媒介生态变迁，零售平台垄断渠道，难以想象我们退休后出版会是什么样子。

张董的话让我陷入深思。我大学毕业入职出版社，20年里几乎干遍了出版社所有业务岗位。人到中年转行教书，但教的还是出版。眼看着即将完成职业生涯退出历史舞台，无论如何不能忍受随着我们离去，出版事业不复存在。因此，重重挑战面前出版怎样才能高质量发展，同样是我思考的问题。就在那天，我们商定先从人才队伍建设入手，研究探讨出版人力资源的评估、开发和管理。张董很快组织了集团几位青年才俊，对集团出版和发行人力资源建设进行系统研究，我有幸忝列其中，为工作过20年的老东家服务。

当初步完成集团人力资源体系建设基本方案后，我们发现人力资源虽然是出版企业最核心的资源，但其他资源，如内容资源、衍生资源等，同样左右着出版企业的发展。作为内容产业的重要组成部分，内容创新是出版业的灵魂和根本，技术变革创新为内容创意提供了平台，人力资源、内容资源，以及由内容资源进一步衍生的衍生资源，是内容创新和技术创新的可靠保证。恰在此时，张炜董事长被中宣部授予"文化名家暨'四个一批'人才"荣誉称号，决定将出版资源问题作为人才研究课题申报，并很快获批。研究团队随之开始以陕西新华出版传媒集团为研究对象，对出版人力资源、内容资源和出版物衍生资源进行深入系统探究。

出版的本质属性决定了出版资源的价值，也决定了出版资源开发、管理和应用的原理和路径。结合出版学基础研究，我们发现出版既非简单的公之于众，也非简单的编辑复制，而是人类知识活动范畴中独有的文化现象，是通过知识生产和知识服务，实现人类知识在意识形式和符号形式之间的转移，成为人类知识的存在方式。

人类知识以意识形式、符号形式、物化形式存在，三种存在形式之间相互作用，为知识增长提供了内部动力。知识的意识形式即存在于每个人头脑中的知识，其本质特征是创造性。人类的一切新知识，首先是以意识形式存在并从个人的头脑里产生。作为内在因素的知识的意识形式，与作为外在因素的社会实践和人际交往需要，共同促进知识的意识形式向言语、图画和文字等知识的符号形式，以及其对象化物品中的物化形式转化。人创造积累知识的认识过程以符号进行，创造积累知识的结晶以符号形式存储于大脑记忆。因此，意识形式是知识的内在形式，符号形式是知识的外在形式。二者在本质上具有同一性。内在的意识形式向外在的符号形式转化，使知识得以传播、积淀和继承；外在的符号形式被作为知识创造主体的人接受，又会转化为意识形式，作为创新的新基础。

现代出版业自诞生之日，就从器物、制度和观念层面嵌入到人类的知识活动之中。在器物层面，出版物是知识的关键载体。在制度层面，《著作权法》等相关法律法规不仅是知识活动的有效保证，也为人类知识生产、知识服务和知识传承营造了环境。在观念层面，出版为确保复制规制化，通过编辑学对知识信息进行系统化整理的一系列思想和方法，是知识生产必须遵守的基本原则。其中系统性、稳定性和可读性，已经成为知识生产的重要指导思想。发行作为出版独有的知识传播方式，将知识传播的责任寓于规制之中，强调在特定的书店文化氛围里传递知识信息。同时，出版以阅读文化和发行文化的方式将作者、出版者和读者紧密联系，确保知识传播精准、可靠、规范、高速和有效。因此，规制化的知识生产和知识服务是出版的本质属性，通过编辑等规制化的知识生产，出版确保知识系统的、高保真的由意识形式转化为符号形式，实现知识的传播、积淀和继承；通过发行等规制化的知识服务，出版创造性地使知识从载体进入人们大脑转化为意识形式，进而成为知识创新之源，也为意识形式与符号形式结合后将知识转化为物化形式奠定基础。

每个人意识中的创新发明、对世界的感知和对人类的情感，都是出版的内容资源，努力将这些资源转化为符号化的知识就是对内容资源的开发和应用。同时，在开发和组织这些资源中衍生出的新资源，以及在将知识的符号形式转化为意识形式过程中衍生出的新资源，就是出版的衍生资源。出版资源和衍生资源的开发、应用和转化，共同构成了人类知识创新之源。而实现出版资源高效率开发的核心和关键，无疑是出版的人力资源。

在人的总体性问题层面追问出版元问题的答案，以人类知识存在的方式定义出版，无疑能够精确定位出版的范畴，也进一步明确出版资源的作用和意义，进而指导我们对资源的开发、管理和应用。基于此，我们确定了以人力资源评估为抓手，系统探索科学高效地开发、管理内容资源和衍生资源路径的研究思路，并按此思路完成了课题。

项目团队都是集团年轻的业务骨干，日常工作繁忙，尽管研究活动占据了大家几乎所有的业余时间，但囿于我们的理论水平，依然难以从经验层面提升到思想层面，没有形成系统的理论。不过，尽管认识上有待提升，但面对涉猎范围很广、要求很高、难度很大的项目，课题组还是以鲜活的第一手资料，回答了当前地方出版集团出版资源开发应用亟待解决的重大问题。

进入 21 世纪以来，网络计算机技术和人工智能技术使媒介生态和媒介发生了巨大变革，但各类新兴出版依然是科学技术与社会文化系统相互作用的延续。印刷复制催生的传统出版业与现代数字技术催生的各类新型媒介，并无本质差异，只不过是从图书报刊复制传播的分时空场景转变为同时空场景下的复制传播，即复制传播同步进行而已。不论复制技术和传播技术如何迭代，出版作为人类知识的存在方式都不会改变。课题组的研究成果，毫无疑问是具有生命力的。从这个层面考虑，课题成果虽有很多不足，但"聊胜于无"，算是一次抛砖引玉，希望同行多加批评，共同进步。

王勇安

2022 年 5 月

2